...IR PRATIQUE

A L'USAGE DES

OFFICIERS DE RÉSERVE ET DES SOUS-OFFICIERS

D'ARTILLERIE

EXEMPLES DE COMMANDEMENT
ET DE TIR

Avec 43 figures dans le texte

BERGER-LEVRAULT, ÉDITEURS

PARIS	NANCY
RUE DES BEAUX-ARTS, 5-7	RUE DES GLACIS, 18

1913

Prix : 2 francs

TIR PRATIQUE

A L'USAGE DES

OFFICIERS DE RÉSERVE ET DES SOUS-OFFICIERS

D'ARTILLERIE

TIR PRATIQUE

A L'USAGE DES

OFFICIERS DE RÉSERVE ET DES SOUS-OFFICIERS

D'ARTILLERIE

EXEMPLES DE COMMANDEMENT
ET DE TIR

Avec 43 figures dans le texte

BERGER-LEVRAULT, ÉDITEURS

PARIS | NANCY
RUE DES BEAUX-ARTS, 5—7 | RUE DES GLACIS, 18

1913

PRÉFACE

« Seul ce qui est simple réussit à la guerre », dit Clausewitz.

Il a donc paru utile de résumer les méthodes les plus simples qui peuvent être utilisées par tous et en toutes circonstances.

Aujourd'hui un très grand nombre d'officiers d'artillerie sont de véritables virtuoses au point de vue du tir, mais à la guerre les pertes seront considérables, et il faut penser que nos camarades de la réserve, de la territoriale, nos sous-officiers seront souvent appelés à des commandements très importants.

C'est pour eux que ce petit livre résume les règles principales du règlement en cherchant à les rendre plus claires par des figures nombreuses.

« Mieux vaut un procédé unique, dit le capitaine Maillard, non le meilleur, mais réussissant sûrement, quelle que soit la situation où l'on se trouve.»

Nous prendrons donc une batterie qui arrive en position et nous suivrons toutes les opérations qu'elle doit effectuer successivement.

Deux annexes donnent les renseignements les plus intéressants, qu'on peut avoir à consulter :

1° Sur la trajectoire ;

2° Sur le millième et ses applications.

Nota. — Tous les articles du Règlement concernant le tir et la mise en batterie sont reproduits textuellement en petites lettres avec le numéro et celui du titre du Règlement. Exemple : n° **46** (titre IV).

TIR PRATIQUE

A L'USAGE DES

OFFICIERS DE RÉSERVE ET DES SOUS-OFFICIERS

D'ARTILLERIE

Quels sont les ordres donnés par le chef d'escadron ?

Ces ordres peuvent être de forme très variable, mais, en général, ils doivent se rapprocher du type suivant :

I. Situation tactique. — La 1re brigade cherche à enlever le village A. La première ligne de notre infanterie est dans ce bois, celle de l'ennemie..... L'artillerie ennemie n'a pas été vue.

II. Mission. — Le groupe est mis à la disposition du colonel du 127e régiment d'infanterie pour l'attaque de cette position.

III. Repère du chef d'escadron. — Le peuplier sur la crête.

IV. Zone de surveillance du groupe. — 100 millièmes à droite du peuplier, 200 millièmes à gauche.

V. Emplacement de chaque batterie. — La droite de chaque batterie est marquée approximativement par son agent de liaison.

VI. Défilement. — La batterie Müller ou 3e batterie doit pouvoir tirer à 1.500 mètres, le capitaine prendra son défilement.

Batterie Froment au défilement de l'homme à cheval.
Batterie Denis au défilement des lueurs.

VII. Poste de combat. — Le capitaine commandant
la 3e batterie se placera à l'extrême gauche et se reliera
avec l'infanterie. Il fera établir le téléphone avec le chef
d'escadron. Le poste du chef d'escadron est dans cette
carrière entre les 1re et 2e batteries, les capitaines de
ces deux batteries se placeront près de lui et pourront
communiquer à la voix avec lui.

VIII. Ouverture du feu. — La batterie Denis
ouvrira le feu sans commandement sur tout objectif
situé dans la zone de surveillance.

Ordre de tir : batteries Denis, Froment, Müller.

[On peut encore donner des missions spéciales à certaines batteries, se mettre en surveillance, entrer en
action immédiatement, fixer les objectifs, donner ou
non l'ordre d'ouverture du feu, etc., etc.]

IX. Avant-trains. — Les avant-trains se placeront
derrière ce talus.

X. Échelon. — Se placera à tel point.

Ces instructions données, le chef d'escadron surveille
la zone à battre.

Il fait mesurer les écarts angulaires des points remar-
quables, mais surtout il cherchera leurs angles de site
et leurs distances, de manière à pouvoir, à l'apparition
d'un objectif, donner les éléments de tir aussi appro-
chés que possible.

Quelles sont les opérations à faire par le capitaine ?

Le capitaine devra faire les opérations suivantes :
Reconnaître son **poste de combat** (ou le chercher
s'il ne lui est pas indiqué).

Chercher la place de sa batterie au **défilement** qui ui permettra de remplir sa mission (ce qu'on appelle aussi résoudre le problème de la masse couvrante).

Marquer le **front** de la batterie.

Donner l'**orientation de la pièce directrice.**

Dès l'arrivée de la batterie le lieutenant formera le **faisceau.**

Ouverture du feu.

En résumé, il y a **trois problèmes** très importants à résoudre :

1° **DÉFILEMENT** ou problème de la masse couvrante (capitaine);

2° **ORIENTATION** de la pièce directrice (capitaine);

3° Formation du **FAISCEAU** (lieutenant).

Suivons la succession des opérations du capitaine.

Reconnaissance

Quand fait-on une reconnaissance ?

54 (titre VI). Toute mise en batterie doit être précédée d'une reconnaissance.

Il n'y a pas de type invariable de reconnaissance. Toute initiative est laissée au capitaine pour plier les procédés aux circonstances. Tout en se conformant aux ordres reçus et en préparant le tir le plus complètement possible avant l'ouverture du feu, il s'astreint :

1° A se montrer le moins possible ;

2° A opérer sans perdre de temps.

Le type de reconnaissance indiqué ci-après peut donner satisfaction dans la plupart des cas.

Comment se fait une reconnaissance ?

55 (titre VI). Dès qu'il a reçu l'ordre ou pris la décision de se mettre en batterie, le capitaine commande :

« *Reconnaissance.* »

Il indique, s'il y a lieu, au lieutenant, une position d'arrêt, puis il se porte rapidement sur la position à occuper ; il est suivi du brigadier de tir, du trompette et d'un gradé agent de liaison, généralement le maréchal des logis chef. Quand il dispose de ses éclaireurs, il les utilise, s'il y a lieu, pour la sécurité de sa batterie ou pour le jalonnement de son itinéraire. Il évite en tout cas de les emmener avec lui quand il n'y a pas utilité à le faire. En cas de besoin, il peut se faire suivre du personnel nécessaire à l'installation du téléphone ainsi que du caisson-observatoire.

Dès que le capitaine a quitté sa batterie, le lieutenant le remplace dans son commandement, amène la batterie à la position d'arrêt qui lui est fixée, ou, à défaut d'indication, qu'il choisit à l'abri des vues de l'ennemi, le plus rapprochée possible de la position à occuper.

Il prend toutes les mesures susceptibles de faciliter l'entrée en ligne de la batterie, se reliant à la vue, si possible, avec le capitaine, faisant reconnaître et améliorer, s'il y a lieu, les débouchés.

Le capitaine arrête ses auxiliaires à l'abri des vues de l'ennemi et met pied à terre s'il le juge nécessaire. Puis il prend les instructions du chef de groupe.

POSTE DE COMBAT DU CAPITAINE

143 (titre VI). Les plus grandes facilités de commandement existent quand le capitaine est à portée de voix de sa batterie.

Mais l'avantage de défiler les lueurs (emplacement des pièces à 4 mètres au-dessous du plan de défilement) et celui de mettre les pièces à une distance du couvert ou du masque telle qu'il y ait peu de chances que l'ennemi y envoie systématiquement des projectiles nombreux, conduisent quelquefois à l'obligation d'organiser un commandement des batteries à distance. Cette organisation peut se réaliser :

Par relais de transmetteurs à la voix ;

Par signaleurs ;

Par téléphone.

Il est prudent que le capitaine, lorsqu'il est conduit à commander à distance, s'assure deux moyens de commandement : quand l'un vient à faillir, l'autre permet à la batterie de continuer à fonctionner.

I — DÉFILEMENT OU PROBLÈME
DE LA MASSE COUVRANTE

Avant tout :

« 1° La batterie doit pouvoir remplir sa **MISSION** tactique » (art. **142**, titre VI).

142 (titre VI). L'emplacement des pièces doit répondre à certaines considérations générales dont les exigences peuvent être contradictoires ;

. . . .

1° La batterie doit pouvoir remplir sa mission tactique ;

2° La batterie doit être exposée le moins possible. Une première sécurité sera acquise lorsque les pièces seront à l'abri des vues. Cette sécurité augmentera si la batterie accroît son défilement en se plaçant suffisamment au-dessous du plan de défilement, ou si elle laisse l'ennemi plus incertain sur son emplacement en s'éloignant de la crête ou du masque ;

3° Le commandement de la batterie doit rester assuré dans les conditions de rapidité que comporte la nature du tir à effectuer, et qui dépendent des objectifs et de la situation tactique.

Quelles sont les conditions pour pouvoir tirer en arrière d'une masse couvrante ?

144 (titre VI). La condition de pouvoir tirer en arrière d'un couvert ou d'un masque est pratiquement réalisée pour une pièce peu éloignée de la crête lorsque le prolongement de l'axe du canon (direction suivant laquelle part le projectile) passe par-dessus le sommet du couvert ou du masque. Il suffit donc que l'angle que fait avec l'horizontale l'axe du canon soit supérieur à l'angle de site de ce sommet.

Il suffit d'ailleurs de se rappeler les deux figures suivantes où l'angle de site du but est positif dans la première, négatif dans la deuxième.

144 (titre IV). D'où la règle : La condition de pouvoir tirer d'un point P en arrière d'un couvert ou d'un masque C sur un objectif B sera remplie lorsque l'angle de site du sommet du couvert ou du masque, mesuré par un homme à genoux (hauteur de genouillère du canon), sera inférieur ou au plus égal à l'angle de tir correspondant à la distance CB, diminué de l'angle de site du but par rapport au canon (augmenté, si le but était au-dessus du canon), c'est-à-dire inférieur ou au plus égal à la somme algébrique de l'angle de tir et de l'angle de site avec leur signe.

Il faut observer ces angles de manière que la ligne PC passe assez largement au-dessus de la crête.

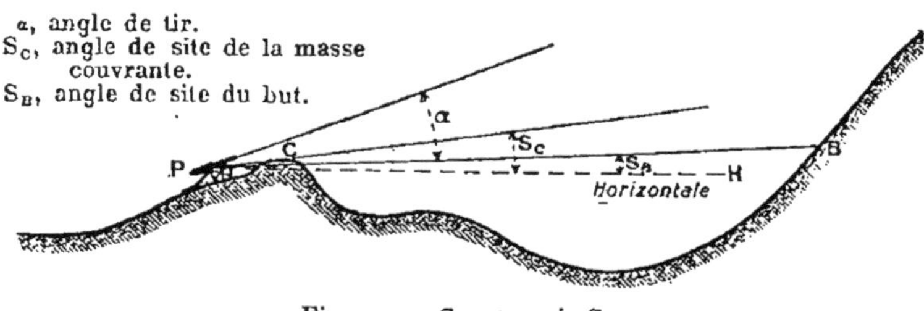

Fig. 1. — $S_C < α + S_B$

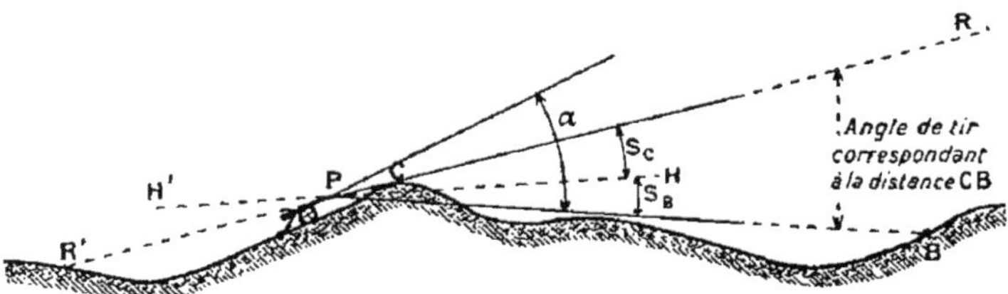

Fig. 2. — $S_C < α - S_B$

Que faut-il savoir ?

Avant tout il faut connaître α, c'est-à-dire l'angle de tir (ou l'inclinaison de la trajectoire correspondant à la distance par rapport à la ligne qui joint la pièce au but.

Cet angle de tir est donné en millièmes par la formule :

$$3\,H - 10$$

où H est le nombre d'hectomètres de la distance.

Exemple : Pour 1.500 mètres :

$$3 \times 15 - 10 = 45 - 10 = 35$$

Il faut absolument **savoir cette formule.**

Il faut, en outre, par des exercices fréquents, arriver à se rendre compte à peu près de la pente d'un terrain (savoir s'il est incliné, par exemple, de 20 ou de 40).

Comment opère le capitaine ?

Deux cas peuvent se présenter :

Le terrain est peu incliné ;

Le terrain est fortement incliné.

a) **Le terrain est peu incliné**, soit 20 millièmes. Pour 1.500 mètres, la hausse est en millièmes de :

$$3 \text{ H} - 10 = 35$$

Donc le problème de la masse couvrante ne se pose pas, *car en n'importe quel point du terrain la trajectoire passe au-dessus de la crête* (Voir fig. 3).

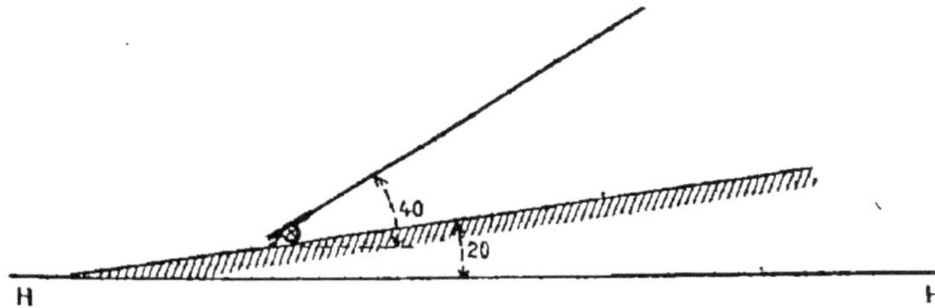

Fig. 3.

Comment se mettre au défilement des lueurs sur un terrain **peu incliné** ?

Premier procédé. — Pour que l'ennemi ne puisse pas apercevoir les lueurs, il faut que le canon soit à 4 mètres au-dessous de la crête.

On peut observer que :

L'homme à cheval a 2^m50 de hauteur.

L'homme à pied a . 1^m70 de hauteur.

Différence . . . . . 0^m80 (sensiblement la longueur du pas).

On opère ainsi :

Le capitaine *s'arrête en C* au défilement de l'*homme à cheval ;* il met pied à terre et *compte le nombre de pas* jusqu'au défilement de l'*homme à pied* soit, par exemple, 27 pas.

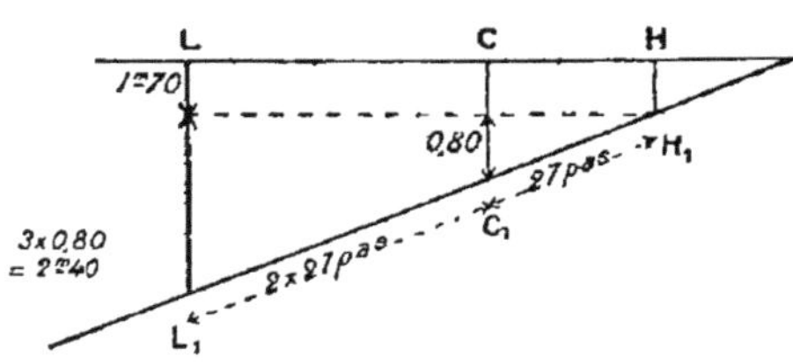

Fig. 4.

Il en résulte que pour 27 pas la pente l'a fait remonter de 80 centimètres.

Il lui suffit de partir de H_1 et de compter trois fois 27 pas il arrive en L_1 qui est le point cherché, en effet :

$$LL_1 = 3 \text{ fois } 80 \text{ centimètres } + \text{ hauteur de l'homme}$$
$$= 2^m 40 + 1^m 70 = 4^m 10.$$

Deuxième procédé. — On peut mesurer ou estimer la pente, soit 20 millièmes ; donc à 100 mètres on est à 2 mètres au-dessous de la crête, il faudra se mettre à 200 mètres pour être à 4 mètres, c'est-à-dire au point voulu.

b) **Le terrain est fortement incliné.**

147 (titre IV). a) *On dispose d'un sitomètre.*

Du sommet du couvert, ou du pied du masque, mesurer l'angle de site du but (1). L'ajouter algébriquement à l'angle de tir pour la distance du couvert ou du masque au but. (Fig. 1 et 2).

Tous les points du terrain d'où un observateur, étant à la position du tireur à genoux, voit le sommet de la masse couvrante sous un angle de site au plus égal à cette somme algébrique, peuvent être occupés.

____

(1) Cet angle n'est pas tout à fait le même que l'angle H P B de la figure 1 ; mais en négligeant la différence on diminue les chances d'écrêtement.

Application : But à 1.500 mètres, à 10 millièmes au-dessous de l'horizon :

$$\alpha = 3\,H - 10 = 3 \times 15 - 10 = 35 ; \qquad S_{\text{в}} = -10$$
$$S_{\text{c}} > 35 + (-10) \text{ ou } 25$$

Donc je cherche avec le sitomètre les points d'où l'on voit facilement la crête à 25 au moins.

147. b) *On ne dispose que d'une réglette graduée ou de la jumelle.*

Du point le plus près du couvert où l'on voit le but (ou du pied du masque) repérer dans le paysage ou dans le ciel le point R qui se trouve au-dessus du but à une distance angulaire égale à l'angle de tir.

Fig. 5.

Tous les points du terrain d'où un observateur, à la position du tireur à genoux, aperçoit le point repéré au-dessus du ras de la crête ou du sommet du masque, peuvent être occupés.

On ne peut pas toujours trouver facilement le repère R ; il est possible, dans le cas du couvert, de le remplacer par le point R' où le prolongement de la ligne RC coupe le terrain en arrière. Dans ce cas, le secours d'un aide est nécessaire (1).

____

(1) On peut opérer de la façon suivante :

1° Pour obtenir le point R' l'observateur s'avançant vers la crête arrête son aide au moment où ce dernier debout aperçoit le point B au ras de la crête. Lui-même continue d'avancer en se baissant jusqu'à ce que, étant à genoux, il aperçoive également le point B au ras de la crête. Restant à genoux, il fait alors face en arrière et repère sur le terrain le point R' qui se trouve au-dessous des yeux de l'aide à une distance angulaire égale à l'angle de tir ;

2° Le point R' obtenu, pour savoir si un point du terrain peut être occupé, l'observateur s'y place à genoux face en arrière. L'aide faisant face à l'observateur a reçu comme consigne de se placer en prenant une position quelconque de façon à apercevoir la ligne des

D'autres procédés peuvent conduire aux mêmes résultats ;
il est licite de les employer, mais aux conditions suivantes :
Qu'ils n'augmentent pas la durée des reconnaissances ;
Qu'ils ne montrent pas plus de personnel à l'ennemi.

Le plus généralement, dans le *tir contre l'artillerie
ennemie*, le *problème ne se pose pas.*

En effet, si la distance est de 2.500 mètres ou plus
grande, 3 H — 10 = 3 × 25 — 10 = 65 ; or la pente
du terrain dépasse rarement 60 à 70 millièmes, on
prendra donc largement le défilement de l'homme à
cheval. « Au delà de 3.500 mètres, l'angle de tir est
supérieur à 100 millièmes, soit 10 °/₀. C'est la pente la
plus forte qui permette de mettre les pièces en batterie
en terrain ordinaire, et elle se rencontre rarement. »
(Colin p. 43.)

Défilement **derrière un masque** (*ligne d'arbres,
mur, village*).

Première solution. — Soit un mur M. Il faut trouver
la position P de la pièce pouvant tirer sur B en passant
par-dessus le mur.

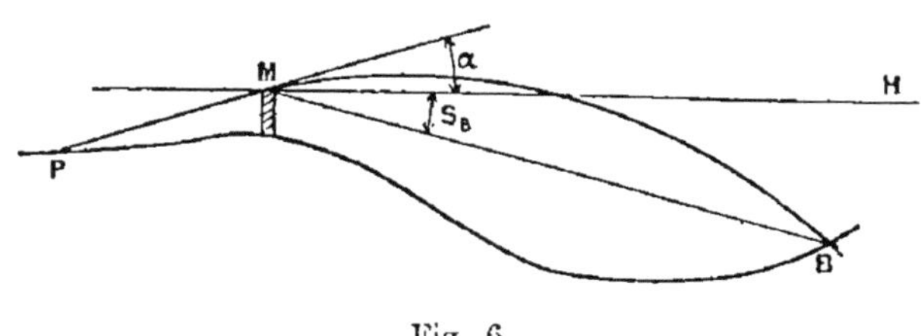

Fig. 6.

Si B est à une distance de 2.500 mètres.

---

yeux de l'observateur au ras de la crête. Dès qu'il a obtenu ce
résultat et qu'il ne bouge plus, l'observateur vérifie si les yeux de
l'aide sont au-dessus de R'. Si oui, la position peut être occupée.

L'approximation dont on se contente dans la pratique en opérant
sur le point R' qui n'est pas rigoureusement sur le prolongement de
la ligne RC, telle qu'elle est tracée sur la figure, a pour résultat de
diminuer les chances d'écrêtement.

L'angle de tir correspondant est 3 H — 10 = 65, il faut le corriger de l'angle de site — 10.

L'angle de tir sera 65 + (— 10) = 55.

Il faudra donc reculer jusqu'à ce que dans le sitomètre on voie le mur M sous l'angle 55.

Deuxième solution. — Supposons le terrain horizontal.

On sait que dans une parabole on a :

$$P \times d = 4\,h.$$

d'où :

$$d = \frac{4\,h.}{P}$$

Pour *mesurer* h, on envoie près de l'obstacle un cavalier (ou un homme à pied).

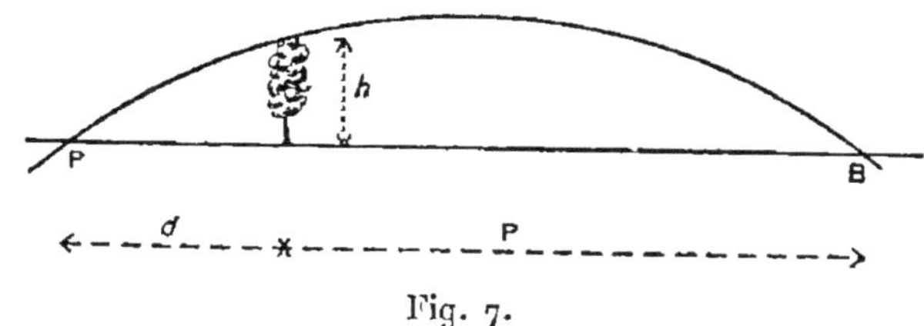

Fig. 7.

Le cavalier a 2^m50, il couvre par exemple 4 millièmes; si l'arbre a quatre hauteurs de cavalier, il couvre 16 millièmes; il a donc $4 \times 2^m50 = 10$ mètres de hauteur, ce qui donne h.

Espace mort non battu. — *Étant en batterie, quel est l'espace mort en avant de la batterie?*

La trajectoire qui rase la crête a évidemment l'angle

$$S_c = \alpha + S_b$$

Or, aux petites distances où le problème se pose $\alpha = 2\,H$ (H étant le nombre d'hectomètres) : ceci résulte de la table de tir.

$$S_c = 2\,H + S_b$$
$$H = \frac{S_c - S_b}{2}$$

Ainsi, l'espace mort en hectomètres est égal à la moitié de $S_c - S_n$ exprimé en millièmes.

Fin de la reconnaissance.

54 (titre VI). Le défilement étant trouvé, le capitaine marque l'emplacement de la pièce de droite, il appelle à lui le brigadier de tir et le trompette et les fait placer, en principe, aux emplacements des pièces extrêmes, soit dans le prolongement l'un de l'autre, les chevaux parallèles au front et tournant la croupe à la direction par laquelle doit arriver la batterie dans le cas de la mise en batterie de flanc, soit au contraire les chevaux perpendiculaires au front face à l'ennemi dans le cas de la mise en batterie en bataille (Le capitaine peut aussi, dans ce dernier cas, les disposer l'un derrière l'autre face à l'ennemi dans l'axe de la batterie).

(Il est bon de convenir que, dans la mise en batterie en bataille, les chevaux de devant doivent s'arrêter à hauteur des jalonneurs et ne *jamais les dépasser*.)

Dans ces différents dispositifs, le brigadier de tir et le trompette sont à cheval ou pied à terre, suivant que la batterie doit mettre en batterie à cheval ou pied à terre (art. **55**, p. 64, titre VI).

Dans le groupe, où les trois capitaines ont jalonné leurs ailes, il est bon, pour éviter toute indécision du lieutenant qui amène la batterie, que un ou deux agents marquent avec leur bras le numéro de la batterie dans le groupe :

Fig. 8.

Le capitaine appelle la batterie à lui par gestes, ou l'envoie chercher par l'agent de liaison. Dans ce dernier cas, il envoie au lieutenant un ordre donnant les conditions de la mise en batterie, en particulier la position de la batterie dans le groupe, l'intervalle entre les pièces, la formation, l'allure, la place du caisson-observatoire, éventuellement si l'agent de liaison n'est pas le chef des avant-trains, les ins-

tructions concernant les avant-trains (emplacement, allure,
etc., etc.).

Le lieutenant fait prendre les dispositions nécessaires et
guidé par l'agent de liaison se porte vers l'emplacement
choisi et exécute la mise en batterie (art. 58, p. 65, titre VI).

Exécution de la mise en batterie.

58 (titre VI). Il existe deux modes généraux de mise en
batterie, l'un collectif ou au commandement pour l'ensemble
de la batterie, l'autre individuel, par pièce.

Le premier mode (mise en batterie au commandement)
correspond au cas où il n'a pas été procédé à une reconnaissance détaillée de l'emplacement de chaque pièce, soit
que cette reconnaissance n'ait pas été jugée nécessaire, soit
que les circonstances du combat aient imposé de ne faire
qu'une reconnaissance sommaire.

Le second mode (mise en batterie par pièce) correspond
au cas où l'on procède à une reconnaissance détaillée ayant
pour objet de fixer avec précision les emplacements à occuper pour chacune des pièces. Il convient également au cas
où le terrain présente des difficultés particulières.

Tous les modes de mise en batterie peuvent être employés,
les conducteurs étant pied à terre.

Mise en batterie au commandement

59 (titre VI). La mise en batterie au commandement peut
s'exécuter soit de flanc, soit face en avant (ou en arrière). Si
l'occupation doit être dissimulée il y aura généralement
avantage à employer la mise en batterie de flanc. Si l'occupation de la position se fait à découvert, la mise en
batterie face en avant (ou en arrière) sera souvent préférée.

a) *Mise en batterie de flanc.*

60 (titre VI). La batterie marchant en colonne doublée,
le lieutenant la dirige sur la ligne jalonnée par le brigadier
de tir et le trompette. La mise en batterie s'exécute aux
mêmes commandements qu'à l'École de la pièce attelée et
dans chaque pièce comme il est prescrit à cette école (1).

Mise en batterie de flanc

(1) **29** (titre VI). La pièce marchant par pièce doublée dans une
direction perpendiculaire ou oblique à celle du tir est mise en batterie
par le commandement :

Face à gauche (droite) En batterie = Halte ; le canon et le caisson
s'arrêtent, le chef de pièce saute à terre et donne son cheval au

De plus, au commandement : *Halte,* le lieutenant et les chefs de section mettent immédiatement pied à terre.

Les caissons de premier ravitaillement prennent leurs places, le caisson-observatoire au point indiqué par le capitaine.

Au moment de la séparation des trains, le brigadier de chaque pièce cherche des yeux le maréchal des logis chef. Dès que les avant-trains sont séparés, il les emmène comme il est prescrit à l'École de la pièce attelée et les dirige sur ce sous-officier (n° **29**, titre VI).

Le maréchal des logis chef, qui a déboîté en temps opportun du côté indiqué par le capitaine, attend les avant-trains qui se forment en colonne par pièces doublées, puis il exécute les mouvements nécessaires pour les conduire au point que lui a indiqué le capitaine. Les avant-trains des caissons de premier ravitaillement se placent à la queue de la colonne, celui du caisson de droite à droite.

Si le capitaine ne lui a pas donné d'ordre, le maréchal des logis chef choisit l'emplacement des avant-trains dans les conditions indiquées précédemment au n° **48.** Dans ce cas, il envoie un brigadier rendre compte au capitaine de l'emplacement qu'il occupe.

61 (titre VI). Lorsqu'une batterie en colonne est surprise par une attaque de flanc, le capitaine, s'il veut utiliser immédiatement le feu des quatres pièces, arrête la batterie et fait exécuter une mise en batterie face à gauche (ou face à droite); chaque pièce exécute sur place la mise en batterie, les attelages restant entre les voitures s'ils ne peuvent déboîter.

b) *Mise en batterie face en avant (ou en arrière).*

62 (titre VI). La batterie marchant en bataille par pièces doublées est formée en batterie face en avant sur la ligne jalonnée par le brigadier de tir et le trompette aux comman-

---

conducteur du milieu du caisson; les servants sautent à terre, séparent les trains et exécutent la mise en batterie face à droite comme il est indiqué à l'Instruction d'artillerie (n° **71**, titre IV).

Avant-trains. — Dès que les trains sont séparés, le pointeur pour le canon et le premier pourvoyeur pour le caisson, annoncent l'un et l'autre à haute voix : *Canon* (ou *caisson*) *Prêt.* A cette indication les avant-trains, guidés par le brigadier, se portent du côté indiqué par l'instructeur, l'avant-train le plus rapproché de cette direction rompant le premier.

A moins d'indication contraire, le mouvement des avant-trains s'effectue à l'allure de mise en batterie.

Arrivés à leur emplacement, le brigadier et les conducteurs mettent pied à terre.

dements et par les moyens prescrits à l'École de la pièce attelée (1).

Elle peut aussi, marchant en colonne, être formée dans une direction quelconque au commandement de :

Par pièces doublées, en bataille = Marche

suivi de :

En batterie = Halte.

Les pièces sont alors mises en batterie au fur et à mesure de leur arrivée en ligne.

Les avant-trains rejoignent le maréchal des logis chef et sont emmenés d'après les principes prescrits au numéro précédent.

63 (titre VI). La batterie marchant en bataille par pièces doublées le canon à gauche, ou en colonne par pièce, peut mettre directement en batterie face en arrière, par le commandement :

Face en arrière, en batterie = Halte.

On fait faire demi-tour à bras à l'arrière-train du caisson. Les caissons de ravitaillement dégagent le terrain.

64 (titre VI). Les mises en batterie précédentes se font également en partant de l'ordre de bataille, sans que les pièces soient doublées, ainsi qu'il a été dit pour la pièce attelée.

Mise en batterie face en avant (ou en arrière)

(1) **30** (titre VI). La pièce marchant par pièce doublée est mise en batterie par les commandements : En batterie = Halte. Au commandement : *En batterie,* le chef de pièce dirige sa pièce vers l'emplacement fixé par l'instructeur. Au commandement : *Halte,* le chef de pièce arrête ses voitures, saute à terre et donne son cheval au conducteur du milieu du caisson; les servants sautent à terre dès que leur voiture s'arrête et exécutent la mise en batterie face en avant comme il est prescrit à l'Instruction d'artillerie (n° 72, titre IV).

Avant-trains. — Dès que les trains sont séparés, le pointeur pour le canon, le premier pourvoyeur pour le caisson annoncent l'un et l'autre à haute voix : *Canon* (ou *caisson*) *Prêt.*

Dès que l'avant-train du caisson est prêt, le brigadier lui fait exécuter un demi-tour à gauche, en serrant le mouvement de manière à passer à 6 mètres environ à gauche de son arrière-train, et le dirige sur l'emplacement indiqué par l'instructeur.

L'avant-train du canon se conforme au mouvement de l'avant-train du caisson et le suit.

Mise en batterie par pièce

65 (titre VI). La batterie étant arrêtée dans le voisinage de la position, à l'indication :

En batterie sur les chefs de pièce,

le lieutenant, les chefs de pièce et le maréchal des logis mécanicien se portent sur la position ; chaque chef de pièce reconnaît l'emplacement exact de sa pièce, le maréchal des logis mécanicien, celui du caisson-observatoire.

Dès que le capitaine en donne l'ordre, chaque chef de pièce exécute la mise en batterie de sa pièce, comme il est prescrit à l'École de la pièce attelée. Le caisson-observatoire se porte à l'emplacement marqué par le maréchal des logis mécanicien, l'autre caisson prend la place qu'il doit occuper dans la formation en batterie.

PRÉPARATION DU TIR

155 (titre IV). Les opérations se font généralement comme il suit :

a) On met une pièce en direction (pièce directrice, autant que possible celle de droite).

b) On forme le faisceau sur cette pièce.

II — POINTAGE DE LA PIÈCE DIRECTRICE

156 (titre IV). 1° *A vue.* — Ce procédé convient lorsqu'on peut voir le but en se plaçant derrière la pièce, soit à pied, soit à cheval, soit en s'élevant par un moyen quelconque.

2° Par **JALONNEMENT.**

Tous les procédés sont bons, mais le suivant qui peut s'employer dans presque tous les cas, est le plus simple ; il *réussit toujours.*

Le capitaine met un jalon à l'emplacement de la pièce directrice et se porte en avant sensiblement dans la direction du but en C, jusqu'à ce qu'il voie le but B. Le brigadier de tir (après avoir donné son cheval au trompette) se porte en T, s'aligne sur le capitaine C et sur le jalon P.

Le capitaine se déplace légèrement vers le but,
vers C'; le brigadier de tir se porte vers T' pour rester
aligné sur P et le Capitaine.

Par tâtonnements successifs le capitaine
et le brigadier de tir sont alignés sur la
ligne P C' T' B. Ils plantent chacun un
jalon en C' et en T'.

Quand la pièce arrivera, elle devra être
placée à bras, le collimateur aussi exactement que possible au-dessus du jalon. Elle
pointera aussitôt, sur les deux jalons qui,
étant alignés, donnent la direction exacte.

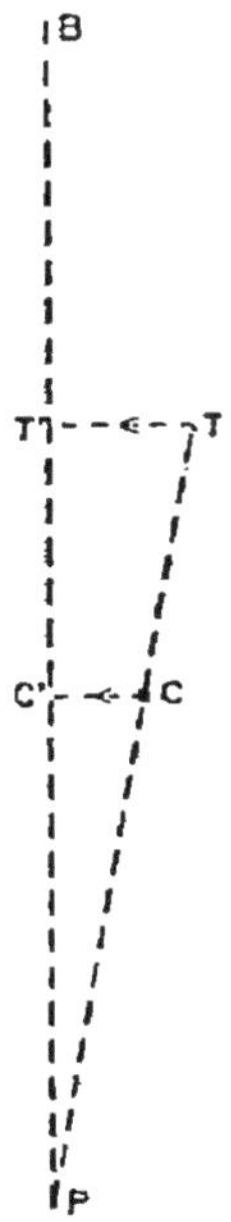

Ce procédé *réussit toujours*.
Il est excellent et très simple.

Il a l'inconvénient de forcer le brigadier
de tir à se montrer un peu, et par suite il
risque de dévoiler l'emplacement de la batterie. En outre, il est souvent difficile, dans
certains terrains, d'amener la pièce à bras
à l'emplacement voulu.

Le capitaine peut se porter en C et
planter un jalon qui porte une fente dans
laquelle on met une carte de visite, une lame de cou-
teau, etc. Il oriente cette carte de visite sur P, puis il
se retourne, et voit que la carte donne la direction CT ;
il lui suffit de mesurer l'angle BCT et de corriger la
dérive de la pièce directrice de cet angle BCT.

Fig. 9.

Le capitaine Fracque (1) (p. 27) donne la descrip-
tion de l'appareil à miroirs du commandant Picheral :

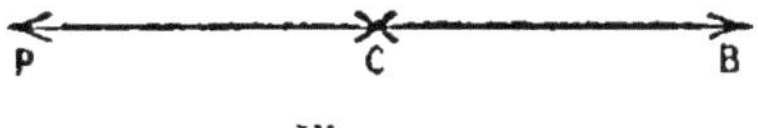

Fig. 10.

Deux miroirs à angle droit sont superposés ; l'un
donne l'image de P, l'autre celle de B.

______

(1) *Procédés pratiques de manœuvre de pointage et de tir de
l'artillerie de campagne,* par le capitaine FRACQUE.

Le capitaine se déplace de C à C' jusqu'à ce que les deux images se superposent ; alors il plante un jalon sur lequel pointera la pièce directrice.

On peut *éviter de déplacer la pièce* directrice en appliquant le procédé suivant qu'on a proposé comme méthode.

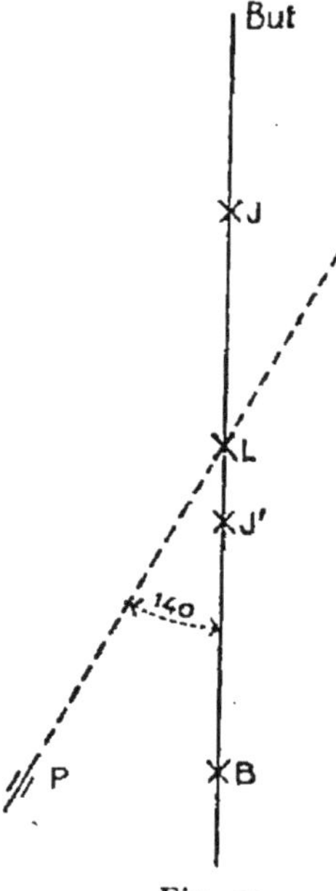

Fig. 11.

Le capitaine place deux jalons J J' alignés sur le but sans se préocuper de la pièce et ne s'occupe plus de rien.

Quand la batterie est arrivée le brigadier de tir se place en B sur le prolongement de J J'.

Le lieutenant se place entre J et J' sur l'alignement B J.

Le lieutenant mesure l'écart de 140 millièmes entre cette direction LB et la direction avec l'appareil de pointage de la pièce directrice. La pièce pointe sur le lieutenant avec Pl o, T 100.

Or, si la pièce était en L, pour l'amener sur le but il faudrait porter le coup à gauche ou augmenter de 140 millièmes.

On applique cette correction telle qu'elle est (on commet donc une petite erreur qui est insignifiante pour le premier coup).

En résumé, pointer la pièce *sur le lieutenant avec Pl o, T 100, puis augmenter (diminuer) de la correction.*

L'inconvénient de ce procédé, c'est qu'il faut faire bien attention au sens de la correction ; néanmoins il est facile de voir si la pièce est bien dans la direction des deux jalons ; il évite toute préoccupation du capitaine ; enfin, plus la pièce est loin de J J' (par conséquent plus le défilement est grand), meilleurs sont les résultats.

POINTAGE DE LA PIÈCE DIRECTRICE EN POINTANT SUR LE CAPITAINE

Le capitaine fait pointer sur lui, avec Pl o, T 100 ; suivant sa position par rapport à la batterie ; la pièce prendra position d'une des figures ci-dessous.

Avec la jumelle et le brigadier de tir, le capitaine verra où vient ficher soit la parallèle à la pièce (fig. de gauche), soit son prolongement (fig. de droite).

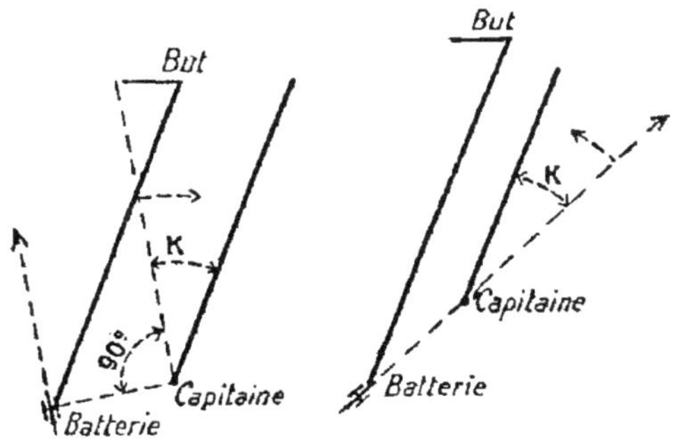

Fig. 12.

	Sur moi.	Sur moi.
Le capitaine commande	Pl o, T 100.	Pl o, T 100.
	DIMINUEZ DE 140 (K en millièmes).	AUGMENTEZ DE 140 (K en millièmes).

Pour éviter toute correction de parallaxe, le capitaine, *au lieu de viser le but* lui-même, visera à une *distance du but égale* à sa propre distance de la ligne batterie-but (fin du n° **153**).

PRÉPARATION DU TIR PAR OPÉRATIONS SIMULTANÉES. PROCÉDÉ DE LA JU-MELLE.

Ce procédé a le très grand avantage d'être instan-tané, suffisamment précis, et de débarrasser le lieute-nant de tout souci pour la formation du faisceau.

Cas d'un point de pointage en arrière.

Le capitaine, dans la reconnaissance, a marqué l'emplacement P de la pièce par un journal, par exemple, ou par un jalon.

Il a choisi un clocher R comme point de *repère en arrière*.

Il se porte sur la ligne RP en C, point d'où il peut voir le but.

Il cherche le prolongement de RPC. Pour cela le brigadier de tir regarde dans sa jumelle; le capitaine le fait tourner sur lui-même jusqu'à ce que la tranche extérieure de la jumelle passe par le clocher R. « Ne bougez plus », indique-t-il. Pour être sûr de rester immobile, le brigadier regarde un point (arbre, maison, raie de champs, etc.), qui se projette sur un trait de la jumelle.

Le capitaine passe rapidement de l'autre côté de la jumelle en C'; il voit que la tranche de la jumelle passe par R', qu'il remarque sur le terrain (limite de champ, arbre, etc.).

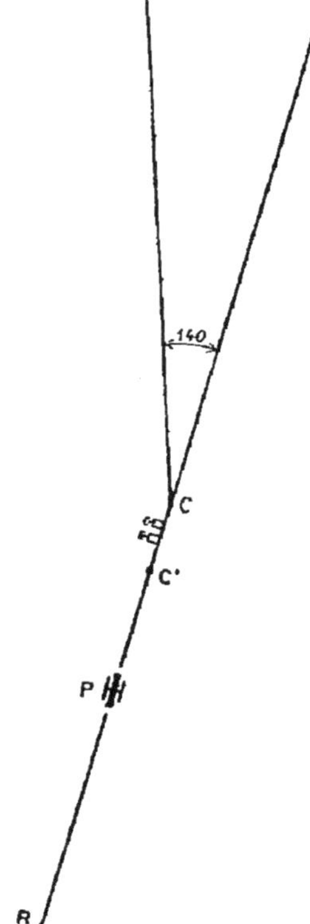

Fig. 13.

Il renvoie le brigadier de tir et mesure l'écart BCR' = 140.

Il corrige 140 dans le sens voulu, soit Pl 2, T 40.

Quand la batterie arrive, il indique : « Point de pointage, le clocher R; pour toute la batterie Pl 2, T 40. »

Deuxième cas. — Point de pointage latéral.

Le capitaine se place sensiblement dans la direction de la pièce au but.

Il voit le clocher latéral R.

Le brigadier de tir regarde ce dernier dans sa jumelle.

Le capitaine voit que cette tranche se prolonge en R′. C'est le point où ficherait la ligne o — 100 *si la pièce était en* C.

Il mesure BCR′ = 140.

Pour ramener le coup à gauche de 140, il augmen-

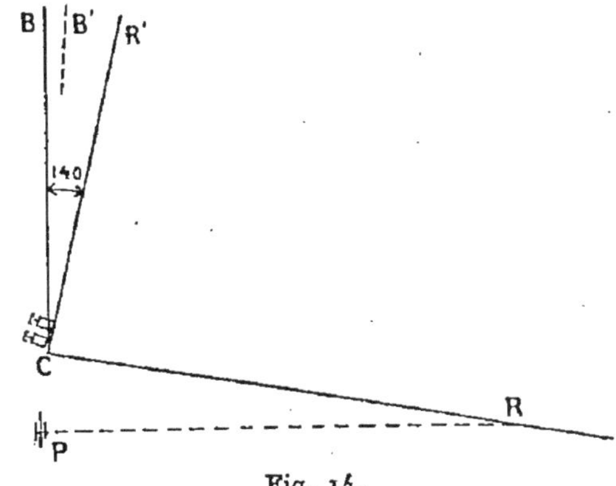

Fig. 14.

tera de 140 et commandera pour toute la batterie point le pointage le clocher R Pl 2, T 40.

Mais la pièce n'est pas en C, elle est en P. On commet donc une erreur égale à la parallaxe CRP ; cette parallaxe est de : 3,3 pour 10 mètres si R est à 3.000 ; 5 pour 10 mètres si R est à 2.000 [pour le premier coup elle est souvent négligeable (1) ; en tout cas ce procédé donne toujours un excellent faisceau].

On évitera toute correction en mesurant l'écart, non pas par rapport au point B, mais par rapport à un point B′, situé à droite du point B, à une distance égale,

(1) Il ne faut d'ailleurs pas oublier que pour l'ouverture du feu on néglige la dérive, le vent, l'inclinaison des roues ; on peut souvent négliger la correction CRP.

sensiblement à la distance CP (donnée approximativement).

La lunette de batterie permet d'exécuter cette opération par une simple lecture.

Pointage à la lunette (Annexe II, n° 9).

Pointer la lunette à une distance du but égale à la distance du capitaine à la batterie, mettre l'index de l'indicateur du plateau à Pl o, T 100 (c'est comme si l'axe de la pièce était pointée sur le but).

Pointer ensuite l'instrument sur la colonne de l'appareil de pointage du canon.

Le trait du plateau qui se trouve alors vis-à-vis de l'index indique la dérive à donner au canon.

Pointer le canon avec cette dérive sur le manchon de la lunette.

Le capitaine ou un aide peut ensuite viser successivement les appareils des trois autres pièces. S'il est à portée de la voix, il commande ces divisions aux pointeurs, sinon il les leur envoie par écrit.

Les pointeurs pointent sur le fût de la lunette avec les divisions indiquées.

A la suite de cette opération, les quatre pièces sont orientées parallèlement à la lunette.

Généralement il y aura lieu d'augmenter l'échelonnement de 10 pour avoir toujours un faisceau ouvert.

Le gros danger est dans la lecture des graduations de la lunette : pour lire, il faut avoir soin de se placer de l'autre côté du fût, de sorte que les chiffres apparaissent bien dans le sens *où ils sont écrits*. Si on se plaçait près du bord de la graduation, on ferait sûrement une erreur de lecture.

III — FORMATION DU FAISCEAU

Principe. — Chaque fois qu'on fera *pointer les pièces sur un* **point éloigné** (1.500 mètres au minimum), on est **sûr** d'avoir un **bon faisceau, bien formé.**

Chaque fois qu'on pointera sur un but rapproché, on a des chances d'erreur et il faudra vérifier le faisceau comme cela sera indiqué plus loin (page 26).

Quel est le meilleur procédé ?

Le meilleur procédé consiste à faire pointer les quatre pièces avec la **même dérive**, soit sur un point de pointage latéral sur le prolongement du front de la batterie, soit sur un point de pointage en arrière de ce front.

Point de pointage sur le front de la batterie.

On pointe la pièce directrice sur R, puis les trois autres pièces pointent sur R, avec la *même dérive*, donnée par la première ; elles sont parallèles.

Leurs prolongements passent donc à 15 mètres à

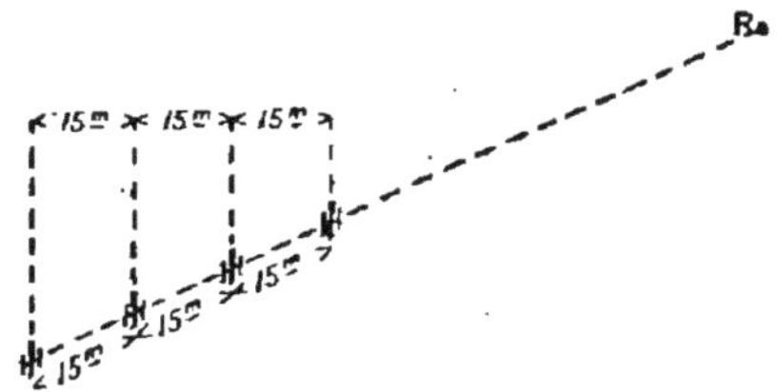

Fig. 15.

1.000 mètres, et par conséquent à 15 mètres à 3.000 mètres ; or, à 3.000 mètres, 15 mètres se voient sous un angle de $\dfrac{15}{3.000} = 5$ millièmes.

On dit que, à la distance de combat, les *pièces parallèles sont échelonnées de 5 millièmes.*

Donc, si on veut commencer le feu avec un faisceau largement ouvert, comme c'est le cas général, on devra augmenter l'échelonnement de 10 ou de 15.

Point de pointage en arrière (art. **152**, titre IV).

Premier cas. — Supposons que le point de pointage soit sur la ligne qui joint la batterie au but, on voit un faisceau parfaitement formé ; si on repère la pièce directrice sur R et si on donne à toutes les pièces la *même dérive,* on a la figure 16 ci-dessous.

Ce procédé donne l'**éventail** de :

20 si le point de pointage est à 1.000 ;
15   —   —   2.000 ;
10   —   —   3.000.

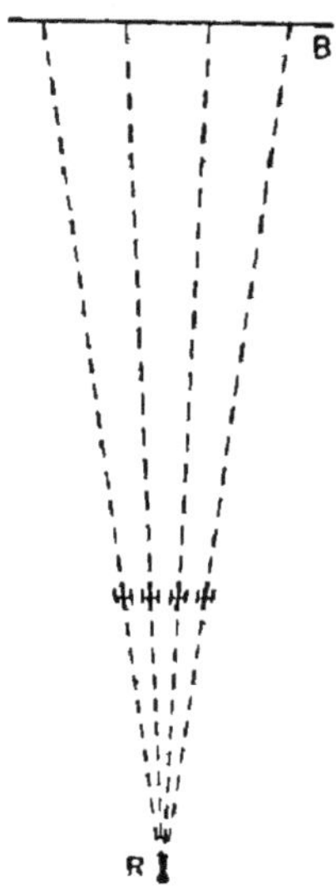

Fig. 16.

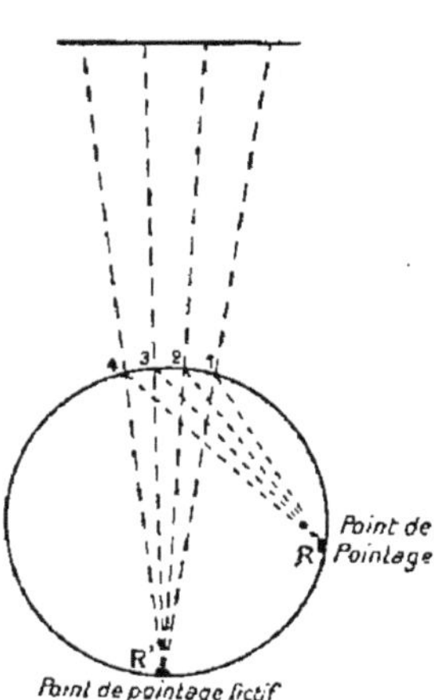

Fig. 17.

Deuxième cas. — Supposons que le point de pointage soit dans un azimut quelconque (art. **152**, titre IV).

On voit, d'après la figure 17, que R a les mêmes propriétés qu'un point de pointage fictif R', qui serait sur un cercle passant par le front de la batterie et le point de pointage (on considère sans erreur sensible que les quatre pièces sont sur ce cercle).

L'opération à faire est donc : repérer la pièce directrice sur R, donner la même dérive à toutes les pièces, faire pointer 2, 3, 4 sur R.

C'est le *meilleur* procédé pour *former le faisceau.*

Point de pointage en avant (Méthode de la double station).

Dans le cas très rare où on prendra un point de pointage en avant, pour éviter toute erreur, tout calcul, toute hypothèse sur les distances du repère ou du but, on emploie la **méthode de la double station,** c'est-à-dire on fait deux stations.

En 1 on mesure l'angle B 1 R = 140.

On fait 15 mètres vers la gauche ou l'intervalle entre deux pièces. On arrive en 2.

En 2 on mesure l'angle B 2 R = 150.

Donc pour 15 mètres de front l'angle augmente de 10 millièmes.

Je commanderai donc : point de pointage le point R.

Première pièce Pl 2, T 40.

Échelonnez de 25 (si je commandais :

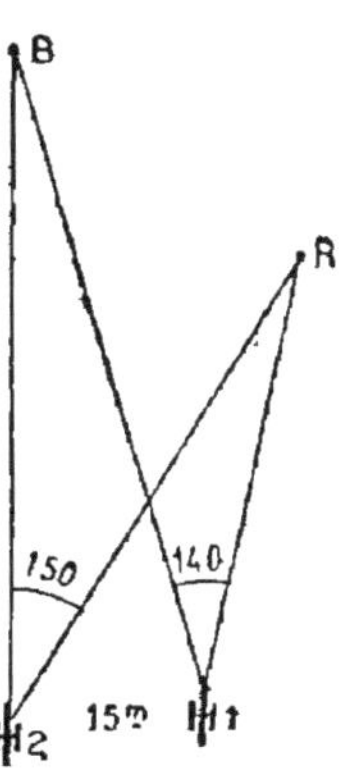

Fig. 18.

échelonnez de 10, les quatre pièces devraient se trouver exactement sur le point B, puisque au point 1 j'ai 140, au point 2 j'ai 150, j'augmenterai donc encore l'échelonnement de 15 pour avoir un faisceau ouvert de 15).

Pointage par visées réciproques (art. **157**).

Rendre les pièces parallèles à la pièce directrice par visées réciproques.

Pour cela mettre le niveau à zéro et amener la bulle entre ses repères pour que les *appareils de pointage* soient *verticaux.* On place la rallonge. Les chefs de pièce rendent ensuite les pièces parallèles à vue, par exemple, par la direction des boucliers.

Les pointeurs se portent à la pièce directrice ; celle-ci étant pointée sur la pièce 2, son pointeur annonce :

Deuxième pièce, Pl 2, T 146.

Le pointeur de la deuxième pièce court à sa pièce et annonce à haute voix cette dérive, que le chef de pièce commence à donner ; puis le pointeur pointe comme il vient d'être dit.

De même pour les autres.

Il est prudent de recommencer l'opération une deuxième fois, car on opère sur des points très rapprochés.

Formation du faisceau par pointage sur l'écouvillon. — On obtient de bons résultats par le procédé suivant : On fait placer un écouvillon tenu verticalement aussi loin que possible de la batterie. On le place sur l'alignement de deux appareils

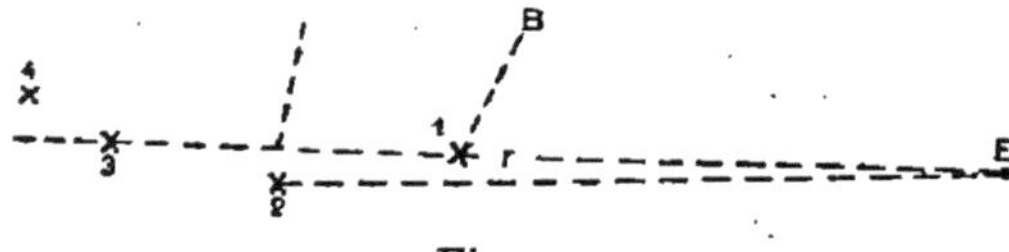

Fig. 19.

de pointage, de façon à avoir aussi peu de correction que possible à faire pour les pièces qui ne seraient pas alignées.

La pièce 1 repère sur E, toutes les pièces prennent la même dérive (de cette première pièce).

Il est facile de voir dans la figure que la pièce 2 tirerait à gauche. Pour corriger sa direction il suffit au lieutenant de se mettre en E, de mesurer à la jumelle le nombre de millièmes que forment les deux lignes 1 E, 2 E, soit 6 millièmes. Comme le coup de 2 tomberait vers la gauche, il faut le ramener à droite, c'est-à-dire diminuer de 6.

On opérerait de même pour 4 (mais il faudrait augmenter du nombre de millièmes lus).

Vérification du faisceau.

Si on a le temps, il est *très bon* de vérifier si le faisceau est bien formé, et c'est très simple.

Il suffit de faire repérer toutes les pièces sur un même point et de faire annoncer les dérives de la droite à la gauche.

Si le faisceau est bien formé les dérives annoncées sont également échelonnées ; par exemple, dans le cas suivant :

1re pièce Pl 8, T 80 ;
2e   —   Pl 8, T 100 ;
3e   —   Pl 8, T 90 ;
4e   —   Pl 8, T 140.

Il y a erreur à la 3e pièce.

Repérage.

La pièce étant pointée, le pointeur repère toujours.

Principe. — Plus le point de repérage sera *éloigné,* moins les erreurs produites dans le faisceau, par un déplacement du canon, seront *sensibles.* Si on est obligé de relever, le pointeur repointera sur son point de repère, mais si celui-ci est rapproché (5o mètres) le déplacement latéral du canon (de 5o centimètres par exemple) suffit pour amener une différence de 10 millièmes dans la direction de cette pièce ; on peut donc déformer le faisceau.

C'est une raison de plus pour avoir des faisceaux largement ouverts (art. **165**, titre IV).

On peut pallier légèrement ces inconvénients en faisant : 1° placer le jalon à la demande du pointeur qui a mis son appareil à :

Plateau o, tambour o.

On peut ainsi donner un grand déplacement à la pièce avant que, dans un déplacement vers la gauche, le canon vienne cacher le jalon de repérage ; enfin, les modifications aux dérives seront beaucoup plus faciles ;

2° On peut placer deux jalons comme repères au lieu d'un, dans la première direction, ce qui permettra de la retrouver toujours ;

3° Quand on relève, on fera toujours relever la pièce dans la direction du jalon.

En surveillance.

Chaque pièce ayant repéré sur un point aussi éloigné que possible ou sur un jalon, le capitaine commande :

Inscrivez les dérives (art. **95**, titre IV) :

95 (titre IV). Au commandement :
INSCRIVEZ LA DÉRIVE.

le pointeur inscrit à la craie, sur le bouclier de gauche, la dérive que marque à ce moment son appareil de pointage. Cette dérive s'appelle *dérive de surveillance.*

Toutes les fois que le pointeur doit inscrire une nouvelle dérive de surveillance, il commence par effacer celle qui était inscrite précédemment.

Chaque pièce ayant son point de repérage spécial, on aura, par exemple :

1re pièce Pl 2, T 140 ;
2e   —   Pl 0, T 90 ;
3e   —   Pl 8, T 20 ;
4e   —   Pl 4, T 110.

Cette dérive s'appelle *dérive de surveillance.*

96 (titre IV). Au commandement :

En surveillance,

le pointeur fait marquer à l'appareil de pointage la dérive de surveillance ; la pièce est repointée en direction, *non abattue,* le frein de roues relevé et le frein de tir reposant sur son coussin.

TIR

Règles très importantes de l'OBSERVATION.

172 (titre IV). Observation des écarts en direction. — Pour pouvoir apprécier avec exactitude le sens de l'écart en direction d'un coup, il faut que l'observateur soit dans le voisinage de la pièce qui l'a tiré.

L'observation latérale des écarts en direction peut donner lieu à des erreurs notables, principalement lorsque les coups observés sont tirés avec des hausses différant sensiblement de celle du but.

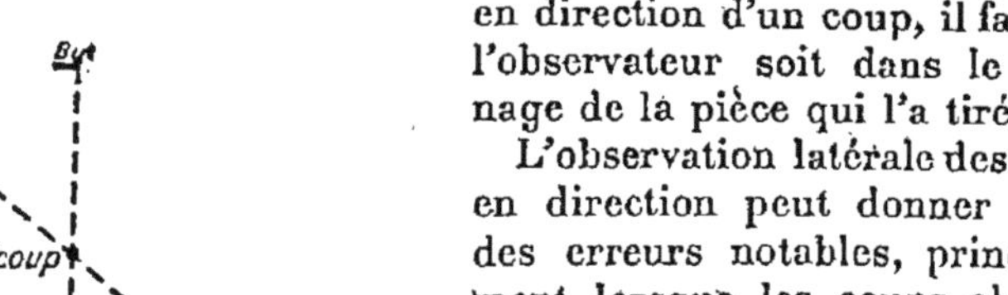

Fig. 20.

Par exemple, dans la figure ci-contre, le capitaine pourrait croire les coups à gauche, tandis qu'ils sont courts.

173 (titre IV). OBSERVATION DES HAUTEURS D'ÉCLATEMENT. — Les hauteurs d'éclatement sont comptées à partir du pied du but, si celui-ci n'est pas abrité dans des retranchements

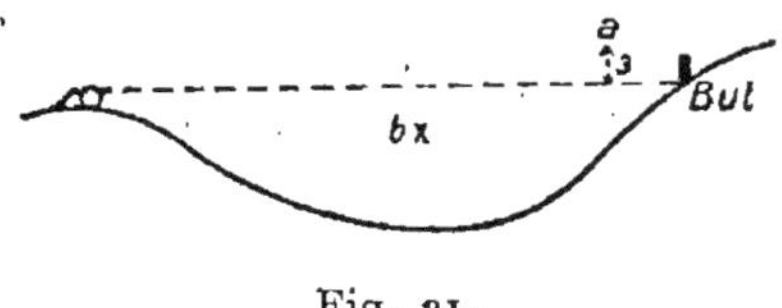

Fig. 21.

ou derrière une crête; sinon elles sont comptées à partir du sommet de la crête couvrante.

Ainsi le point a, à 3 millièmes au-dessus de la ligne pièce-but ou pièce-crête, éclate à hauteur type, mais le coup

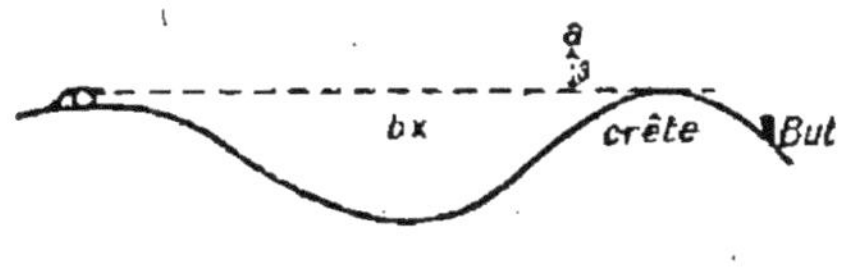

Fig. 22.

b doit être compté dans la salve comme **percutant**, alors même qu'il est fusant (mais il est fusant *au-dessous de la ligne pièce-but*).

Un éclatement est dit :

Très haut quand la hauteur est supérieure à deux hauteurs types (6 millièmes);

Haut quand la hauteur est supérieure à une hauteur type (3 millièmes).

Bas quand la hauteur est inférieure à une hauteur type (3 millièmes).

La hauteur d'une salve de coups fusants est appréciée d'après la hauteur moyenne des éclatements.

174 (titre IV). OBSERVATION DES ÉCARTS EN PORTÉE. — Le réglage du tir en portée repose sur la connaissance du sens des écarts en portée des points de chute des projectiles percutants ou des points d'éclatement des projectiles fusants. Il est donc essentiel d'observer avec exactitude et, d'autre part, de ne tenir aucun compte des observations douteuses.

Si la fumée cache le but, le point d'éclatement est court;

si le but se détache sur la fumée, le point d'éclatement est long.

Toutefois, on ne peut considérer comme courte la hausse correspondant à un coup fusant, dont le nuage d'éclatement a occulté l'objectif, que si la hauteur d'éclatement, c'est-à-dire le sommet de la fumée de ce coup, a été inférieure à une demi-hauteur type.

D'ailleurs, il faut qu'une *salve de réglage* contienne un ou deux coups **percutants** (à cause de l'écart probable des fusées).

Un coup fusant, dont l'éclatement est vu long ou dont la gerbe est toute longue, correspond toujours à une hausse longue, quelle que soit la hauteur d'éclatement.

A défaut de fumée, la poussière et les débris soulevés par la chute des projectiles peuvent fournir des renseignements.

Si le terrain sur lequel se trouve le but est incliné vers la batterie, le coup est *court* ou *long*, suivant que le point de chute est vu au-dessous ou au-dessus du but.

Une salve est dite courte ou longue suivant que la majorité des coups observés est courte ou longue. Les coups au but sont comptés à volonté comme courts ou longs.

On appelle *salve encadrante* celle qui comprend deux coups courts et deux coups longs, si toutefois toutes les parties du but sont à même distance de la batterie.

Il faut toutefois remarquer que, si le but est incliné en direction, par rapport à la batterie, les coups de gauche, par exemple, resteront courts, pendant que ceux de droite resteront longs.

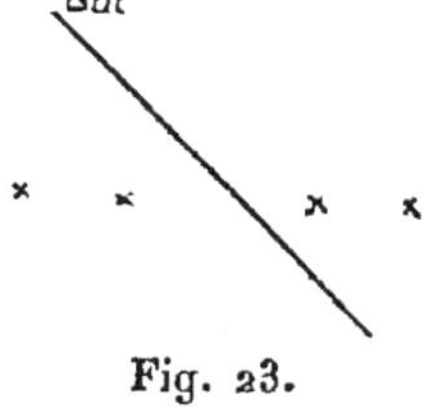

Fig. 23.

Une salve *encadrante fusante* doit être considérée comme correspondant à une hausse *longue*, et la hausse qui l'a fournie est *voisine* de celle *du but.*

Une salve *encadrante percutante* doit être considérée comme correspondant à la *hausse* la plus *probable* du but.

Dans tous les cas, il y a lieu de tenir compte de l'effet produit sur le but par une salve ou un coup, toutes les fois que cet effet a pu être observé avec certitude.

L'officier qui observe les coups doit s'astreindre, dès qu'il a pu se faire une opinion sur le sens d'une salve ou d'un coup, à la formuler par l'une des indications : *court, long, encadrante, douteux.* Toutefois, il convient de laisser au nuage le temps de se former.

La décision doit être particulièrement prompte dans le tir des obus explosifs, dont le nuage de fumée noire, par rapport auquel doit être faite l'observation, est très fugitif.

Mécanismes et règles de tir.

Tout tir comprend :

Un tir de réglage ;

Un tir d'efficacité.

Observation pratique.

Il *faut absolument se rappeler* que l'ouverture du feu nécessite *six* commandements, qui sont :

Direction :

1° Diminuez de 6o. Augmentez l'échelonnement de 10 ;

2° Abattez (on l'oublie généralement) ;

Hauteur :

3° Angle de site + 5 ;

4° Correcteur 18 (ou à obus explosifs) ;

Portée :

5° Par la droite, par batterie ;

6° 3.000 (commandement d'exécution).

TIR DE RÉGLAGE

Principes *absolus* du réglage.

176 (titre IV). Il y a trois réglages, qui s'opèrent dans l'ordre suivant (cet *ordre* est très important à suivre et sert de base à tout ce qui va suivre) :

Direction ;

Hauteur d'éclatement ;

Portée.

On doit arriver à faire ces réglages simultanément, mais, en tout cas, si on ne peut les faire ensemble, on opère dans l'ordre indiqué ci-dessus.

Réglage en direction.

Règle absolue. — Amener **DROITE SUR DROITE,** c'est-à-dire amener la *droite* du faisceau sur la *droite* de l'objectif.

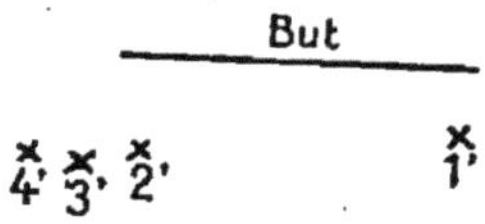

Fig. 24.

L'adapter au front à battre, c'est-à-dire amener la *gauche* du faisceau sur la *gauche* du but.

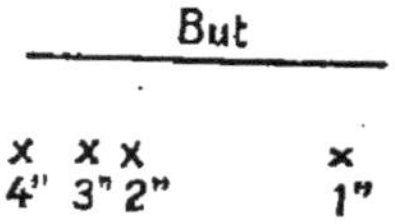

Fig. 25.

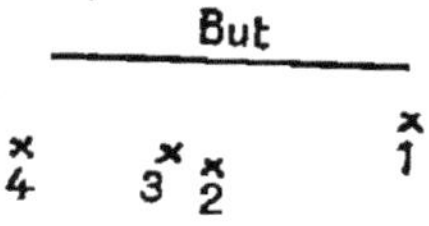

Fig. 26.

Le *régulariser* (1), c'est-à-dire avoir les quatre éclatements à égale distance.

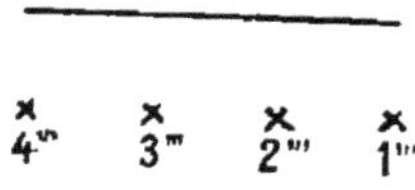

Fig. 27.

Il ne faut pas de correction timide; de même que dans la portée où l'on prend une fourchette, on doit encadrer le but en direction. Si la correction est trop forte, on reviendra par une correction en sens inverse, réduite de moitié. D'ailleurs, les jumelles permettent l'appréciation exacte des écarts en direction.

178 (titre IV). Quand on a des doutes sur l'exactitude de la mise en direction dans la préparation du

(1) Dans un tir de guerre, la tactique l'emporte et « le réglage en portée étant l'élément le plus important du tir et devant être acquis le plus rapidement possible, la correction du faisceau est une considération secondaire » (Maillard, p. 22).

tir, on peut tirer un *coup d'essai,* sans abattre, avec la première pièce, puis on corrige pour toute la batterie de l'écart observé et on tire après avoir abattu.

179 (titre IV). Lorsque le capitaine ne voit pas ses coups, il relève énormément son correcteur ; par exemple, correcteur 35. Alors, il sait où est sa batterie et il corrige.

Lorsque les pièces chevauchent ou qu'il n'aperçoit que trois coups sur quatre, il tire par pièce (n° **132**).

Quand la direction est réglée, il peut tirer soit par salves, soit par rafales de un.

Réglage de la hauteur d'éclatement.

Règle absolue. — *Estimer en millièmes la hauteur moyenne de la salve et corriger le correcteur de ce nombre de millièmes, moins un.*

Exemple. — Les coups ayant éclaté comme sur la figure, j'*estime* la hauteur du *point moyen* de cette salve à 15 millièmes. Je corrigerai le correcteur de 14.

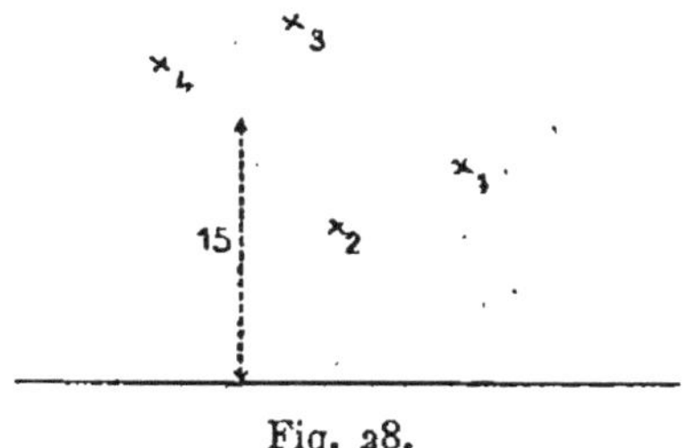

Fig. 28.

En effet, si ma mesure de 15 est exacte, si je corrigeais de 15, ma salve serait sur le sol ; or, je veux qu'elle éclate à 1 millième ; je corrigerai donc de

$$15 - 1 = 14.$$

Réglage de la hauteur d'éclatement (art. **180**, titre IV).

Si la *première* salve montre une forte correction, il y

a tout intérêt à faire cette *correction* par l'**angle de site**, car on conservera ainsi tout le jeu nécessaire pour le correcteur.

Règle absolue. — Quand la *salve est* **percutante**, sans avoir été précédée d'aucune salve fusante, on *augmente* le correcteur de *4*, nombre arbitraire; mais c'est *une règle*.

Quand une salve comprend des *coups* **fusants** et des *coups* **percutants**, ceux-ci sont considérés comme correspondant à des éclatements à la hauteur zéro.

Si après une correction faite au correcteur, la salve tirée avec le nouveau correcteur conduit à une correction de sens contraire, on adopte un correcteur intermédiaire.

Il arrive souvent que, dans une salve, la troisième pièce, par exemple, tire beaucoup plus haut, ou est percutante; c'est que cette pièce a une erreur d'angle de site, on ne doit pas en tenir compte : on la fait corriger.

180 (titre IV). Il ne doit pas être tenu compte des salves dans lesquelles la hauteur d'éclatement est très irrégulière.

Ces irrégularités sont dues à des fautes de débouchage, de pointage ou à des erreurs d'angle de site, qu'il y aura lieu de rechercher dans la batterie.

Lorsqu'on a obtenu le réglage de la hauteur d'éclatement à 1/1000, il suffit, pour passer à la hauteur type, d'augmenter (relever) le correcteur de deux divisions.

Lorsqu'on a réglé le tir par rapport à une crête, il peut être avantageux de ne pas relever le correcteur de deux divisions (Voir le n° **171** *h*, titre IV reproduit plus loin pages 3₇ et 38).

Réglage en portée.

Le bond est de 4oo mètres. Il faut toujours prendre ce bond au commencement du tir.

Il peut être réduit à 2oo mètres à la suite d'une indication fournie par le tir d'une autre batterie ou par une mesure télémétrique.

On resserre ensuite les limites de cet encadrement; l'encadrement définitif s'appelle fourchette.

Une hausse n'est limite de fourchette que si l'on a observé avec cette hausse au moins **deux coups** de **même sens**, soit dans une même salve, soit dans deux salves.

Si le but est en mouvement ou susceptible de se déplacer, l'*encadrement* n'est considéré comme effectif que si la dernière salve tirée correspond à la *limite vers laquelle* il marche (ou à défaut d'indications précises sur le sens de sa marche, à la limite courte).

Une salve **encadrante** (2 C, 2 L) est :

La *hausse du but*, si la salve est *percutante ;* **longue**, mais près du but, si la salve est **fusante** (l'amplitude du bond peut être réduite à 100 mètres).

Salve de contrôle (n° **183**, titre IV). Elle est tirée en *coups fusants* **bas** (ou en coups percutants, si le tir doit être exécuté en tir percutant) et sur la **hausse de départ du tir d'efficacité.**

Lorsque la dernière salve de réglage a été tirée sur la limite *courte* de la fourchette et a permis de constater que la hauteur et la direction sont bonnes, il est inutile de tirer une salve de contrôle.

La salve de contrôle peut être répétée si elle a amené des modifications importantes.

TIR D'EFFICACITÉ

I. Tir fusant.

184 (titre IV). Aux distances moyennes de combat (2.500 mètres) une pièce bat efficacement en tir fusant, avec une hauteur d'éclatement égale à la hauteur type, un front de 25 mètres environ, à raison de deux coups tirés sur la même hausse ; si l'on ne tire qu'un seul coup, le front battu est de 20 mètres environ.

La profondeur de la gerbe efficace, dans les mêmes conditions, est d'environ 150 mètres.

Une batterie bat donc, en tir fusant, sans intervalles privés de feu, un front de 100 mètres, quand on ne fauche pas.

185 (titre IV). **Fauchage.** — Si le front est plus étendu et si on veut toujours le battre sans intervalles privés de feu, le capitaine fait *faucher*.

Le fauchage déplace les points d'éclatement successifs de 5 millièmes environ; le fauchage double les déplace de 10 millièmes.

Le nombre de projectiles à comprendre dans le commandement : *Par tant... Fauchez* (ou *fauchez double*), correspond au front à battre par chaque pièce divisé par 5 ou par 10 et n'est limité que par le coulissement de la pièce sur son essieu (théoriquement 100 millièmes dans les conditions les plus favorables).

On emploie le fauchage double quand on veut diminuer la densité du tir sur un front donné, soit que le but ne comporte pas une grande consommation de munitions en un temps très court, soit que le fauchage simple n'écarte pas assez les gerbes des projectiles voisins (aux faibles distances).

Remarque. — Un moyen simple de trouver le nombre de coups dont il faut faucher est celui-ci :

Pour le *fauchage double,* on divise par 10 ; cela revient à prendre le chiffre arabe qui est devant le o.

Front battu par une pièce, **6**o ; par **6**, fauchez double.

Front battu par une pièce, **4**o ; par **4**, fauchez double.

Pour le *fauchage simple,* on divise par 5, ou les coups sont deux fois plus nombreux que ceux du fauchage double.

Front battu par une pièce, 6o ; donc, par 6 × 2, fauchez.

Front battu par une pièce, 4o ; donc, par 4 × 2, fauchez.

Règle très importante. — Dans tout fauchage sur un grand front, il faut commencer par **porter la pièce à droite** de la moitié du front à battre, sinon le canon arriverait au bout de l'essieu avant la fin du fauchage.

Ainsi, pour battre un front de 6o, on porte la pièce à droite de 3o ou 15 tours à droite et le commandement sera :

1re pièce :

A droite, 15 tours ;
Par 6, fauchez double.

MÉCANISMES DU TIR D'EFFICACITÉ

186 (titre IV). Les mécanismes habituels employés dans les tirs d'efficacité sont :

Le tir sur hausse unique ;

Le tir par salves ou rafales échelonnées ;

Le tir progressif.

Tous ces tirs peuvent s'exécuter avec ou sans fauchage simple ou double.

Règle dans le **tir fusant** : l'écart probable de la fusée ne permet pas de *resserrer la fourchette à plus de 5o mètres ;* on ne *descendra* donc jamais à une fourchette *inférieure à 5o mètres.*

187 (titre IV). **Le tir sur hausse unique** convient contre un objectif mince sur lequel on a eu le temps et la possibilité de resserrer la fourchette à 5o mètres.

Il s'exécute,

sur la *limite* **courte**, si l'objectif est **debout** *ou* à **genoux** ;

sur la *limite* **longue**, si l'objectif est **couché** *ou* **abrité**.

188 (titre IV). **Le tir par salves ou rafales échelon-nées** (*n* projectiles tirés sur chacune des hausses successivement commandées) est un mécanisme très souple, économe de munitions, permettant de faire varier à volonté la vitesse du tir, laissant le capitaine maître d'approprier le correcteur au terrain (par exemple, dans le cas du glacis) et d'observer chaque salve ou rafale de manière à resserrer les limites du tir.

Il s'applique contre tout objectif mince ou profond dans les limites comprises entre la hausse sûrement courte et la hausse sûrement longue, qui ont pu être déterminées.

Tir par salves échelonnées sur un but caché par une crête (art. **171**, § *h*, titre IV).

h) Contre un but caché par une crête, il convient toujours de tirer comme sur un but profond.

Pour tenir compte de la pente du terrain en arrière de la crête, les *augmentations* de hausse sont combinées avec des *diminutions* du correcteur.

Plus la pente sera forte, moins on agira avec la hausse et plus avec le correcteur.

Par exemple, un déplacement de 100 mètres environ du point d'éclatement sera obtenu par :

Si la **pente** du terrain est supposée de 60 millièmes.	Une **augmentation** de **hausse** de 50 mètres. Une **diminution** du **correcteur** de 2.
Pour une **pente** supposée de 90 millièmes.	Une **augmentation** de 25 mètres. Une **diminution** du correcteur de 3.

Dans le cas du tir percutant, le bond à commander en distance pour obtenir une différence de portée de 100 mètres est *toujours inférieur à 100 mètres* et *d'autant plus inférieur que la pente du terrain est plus forte* ou que la distance de tir est plus faible. Un terrain d'une pente égale ou supérieure à l'angle de chute ne pourra être battu (1).

i) Sur un but dont les éléments sont à la même distance, mais dans des plans de site différents, on échelonne les angles de site des pièces.

j) Sur un but dont les éléments sont dans le même plan de site, mais à des distances différentes, on peut échelonner les hausses des pièces.

Dans ce cas particulier, on fait tirer les pièces une première fois avec les hausses qui leur conviennent, et les modifications, qu'il est nécessaire de commander par la suite, le sont sous la forme :

Plus près (plus loin) tant (2).

Ce commandement équivaut à celui d'une nouvelle distance.

---

(1) Rappelons que, pour une pente de 100 millièmes, on est obligé de mettre, en général, le matériel sur la crête pour tirer, sans quoi les coups frapperaient dans la masse couvrante ; le matériel est donc vu.

(2) Les commandements : « Plus près (plus loin) tant » et « Mêmes distances » étant d'une exécution moins sûre que le commandement de la distance même, leur emploi doit être limité au tir sur un but oblique (art. 171, § *j*, titre IV).

Pour cette raison, il n'en a pas été fait mention à l'école de la troupe. Il appartient à chaque capitaine de faire à cet égard l'instruction de sa batterie.

Dans le cas où cette instruction n'aurait pas été faite, il restera toujours au capitaine la ressource de battre l'objectif par rafales successives, en prenant pour base la hausse courte de la fourchette de 100 mètres qui encadre l'extrémité la plus rapprochée de l'objectif, et en procédant par bonds de 25, 50 ou 100 mètres, jusqu'à ce que l'on ait atteint l'extrémité la plus éloignée de l'objectif.

Tant que les hausses conviennent au tir, on fait tirer au commandement :

Mêmes distances.

Tir progressif (art. **89**, titre IV). Deux coups par pièce sans fauchage, ou trois coups avec fauchage, tirés sur quatre hausses successives, échelonnées de 100 mètres, c'est une variété très rapide, mais rigide, du tir par rafales échelonnées.

Si on voit le but :

On part de la *hausse courte d'une fourchette* de **400 mètres** (Il est prudent, si le but est mobile, de vérifier la hausse courte avant de commander le tir progressif).

Si on ne voit pas le but :

On part d'une *hausse courte d'une fourchette* de **100 mètres** ou de **200 mètres**, obtenue sur la **crête** ou le *masque*.

Feu commandé par les chefs de pièce (art. **190**, titre IV). Dans certains cas où l'objectif comporte un tir plus ou moins lent, le capitaine, après avoir réglé le tir, peut trouver avantageux de se décharger sur les chefs de pièce, des détails du commandement du feu. Le tir s'exécute alors à des indications telles que les suivantes :

Telles pièces ;
Sur tel front ;
Telles distances.
Un coup en tant de minutes (ou *tant de coups à la minute*).

Le capitaine porte toute son attention sur l'objectif et fait varier la vitesse du tir, ordonnée aux différentes pièces, d'après les modifications aperçues dans la forme ou la vulnérabilité du but. Certaines pièces peuvent ne pas tirer.

Tir percutant de l'obus à balles.

191 (titre IV). **Tir percutant de l'obus à balles.** — L'obus à balles s'emploie en tir percutant pour démolir les obstacles et le matériel ou, dans certains cas, pour agir contre le personnel. Une batterie peut battre efficacement une largeur d'obstacle de 25 mètres, chaque pièce étant dirigée sur le milieu de la tranche qui lui correspond. Si la largeur de l'obstacle est supérieure, il faudra la battre par tranches successives.

Le tir *contre* **obstacle** s'exécute par rafales de un sur la **hausse moyenne d'une fourchette de 50 mètres.**

La rafale doit comprendre **deux ou trois coups longs** sur *quatre observés*. Si cette proportion n'est pas obtenue, on modifie la hausse de 25 mètres dans le sens convenable.

Contre le **matériel**, le tir s'exécute par *pièces indépendantes*. Après une *série de* **quatre coups**, la hausse de la pièce est modifiée de 25 mètres, s'il y a lieu.

Contre le **personnel**, le mécanisme employé est celui du tir sur hausse unique avec ou sans fauchage, sur la *hausse moyenne* de la *fourchette de 50 mètres*, ou du tir par salves ou rafales échelonnées, la valeur du bond (25 ou 50 mètres) dépendant de la forme du terrain sur lequel est placé l'objectif.

Tir de l'obus explosif.

192 (titre IV). **Tir de l'obus explosif.** — L'obus explosif est employé soit pour détruire des obstacles ou du matériel, soit pour atteindre du personnel derrière un abri, soit contre les localités et les bois, soit contre la cavalerie.

Contre la **cavalerie**, les obus explosifs sont tirés dans les mêmes conditions que les obus à balles ; contre les autres objectifs les mécanismes de tir à employer sont :

a) *Contre les* **obstacles** *ou du* **matériel.** Tir sur hausse unique. Mêmes règles que pour l'obus à balles tiré en percutant, c'est-à-dire tirer sur la hausse moyenne de la fourchette de 50 mètres, la rafale doit comprendre deux ou trois coups longs sur quatre observés.

b) *Contre du* **personnel abrité.** (Ex. : Infanterie dans une tranchée, personnel d'une artillerie à boucliers).
Recherche d'une *fourchette de 25 mètres*.
Tir par salves ou rafales échelonnées.

Premier cas. — *L'objectif est* **vu** (infanterie ou artillerie).
Chercher la fourchette de 50 mètres et tirer sur les trois hausses, de 25 en 25 mètres, en partant de la limite courte.

Deuxième cas. — *L'objectif est* **derrière une crête** (artillerie).
Chercher la fourchette de 100 mètres de la crête.
Augmenter la limite longue de 50 mètres.
Puis se rapprocher par bonds de 25 mètres, jusqu'à ce qu'on aperçoive les coups sûrement courts.

Recommencer pour obtenir une densité déterminée en faisant varier la direction de manière à avoir une répartition aussi homogène que possible.

La *densité* est déterminée ainsi :

50 obus à l'hectare, uniformément répartis, produisent en moyenne une efficacité de 33 %.

Ainsi : estimer le nombre d'hectares à battre et multiplier par 5o, on aura le nombre d'obus à tirer ;

c) *Contre des localités ou des bois.* Chercher une fourchette étroite sur la lisière, puis exécuter un tir en profondeur par rafales échelonnées.

Passer du tir de l'obus à balles au tir à obus explosifs.

181 (titre IV). Dans le cas où le tir à obus explosifs est précédé d'un réglage avec des obus à balles, ce dernier est poussé seulement jusqu'à la **fourchette de 200 mètres**, puis le réglage est continué avec l'obus explosif en partant de la hausse *longue* de cette fourchette.

Ainsi on règle avec l'obus à balles jusqu'à la fourchette de 200 mètres, puis on **recommence un réglage** quand on passe à l'obus explosif, mais en partant de la hausse longue.

En effet, l'obus explosif est plus léger, donc aux distances de combat il perd de sa vitesse. Exemple : 3.000 ⟵ C, 3.200 — L ; on partira de 3.200 qui fera tomber l'obus explosif entre 3.000 et 3.200 et on refera un réglage avec fourchette de 200 mètres.

EXEMPLES DE TIR

TIR FUSANT
Tir sur HAUSSE UNIQUE

Règle. — **Resserrer la fourchette à 50 mètres** (jamais au-dessous en fusant).

Tirer sur la *limite* **courte** si l'objectif est **debout** ou à genoux.

Tirer sur la *limite* **longue** si l'objectif est **couché** ou abrité (En tir fusant on ne resserre pas au-dessous de 5o mètres).

Exemple. — Tir contre une ligne de tirailleurs de 120 millièmes, couchés masqués par une haie sans obliquité ni échelonnement (1); les circonstances tactiques laissent le temps nécessaire à la recherche de la fourchette de 5o mètres.

Leur droite est à 4o millièmes du repère sur lequel est dirigée la batterie.

RAISONNEMENT	COMMANDEMENTS
J'amène droite sur droite :	(*Direction*) :
Le front à battre étant de 120 : $\frac{120}{4} = 3$o par pièce.	1° Augmentez de 4o ;

---

(1) Pour trouver facilement un but dans la désignation de l'objectif, on indique à gauche 4o à *6 millièmes au-dessous de la crête, front 120.* Le point ainsi indiqué est toujours la droite de l'objectif, **par** convention.

RAISONNEMENT

COMMANDEMENTS

Comme le faisceau est échelonné de 15, j'augmente l'échelonnement seulement de 15.

Augmentez l'échelonnement de 15 ;

2° Abattez ;

(*Hauteur*) :

3° Correcteur, 18 ;

4° Angle de site 0 ;

(*Portée*) :

5° Par la droite, par batterie ;

6° 2.400   L.

J'ai quatre coups percutants (ou au-dessous du but), j'augmente le correcteur de 4 :

Correcteur, 22 ;

2.000   C ;

2.200   L ;

2.100   C ;

2.150, fusante encadrante considérée comme   L ;

Salve de contrôle :

2.100.

Tir d'efficacité.

Le but étant dans une tranchée ou couché, je prendrai la limite longue.

Direction : Chaque pièce bat 30 millièmes ; donc par 3, fauchez double :

Par 3, fauchez double Correcteur, 24 ;

2.150.

TIR FUSANT
Tir par SALVES ÉCHELONNÉES

Règle : *Fourchette variable*, correcteur et hausse variables, *à la volonté du capitaine*, suivant les circonstances.

Exemple. — Tir contre des troupes très peu visibles. Elles paraissent à 3o millièmes à gauche du peuplier, sur un front de 1oo millièmes.

RAISONNEMENT	COMMANDEMENTS
Le front à battre est de $\frac{100}{4} = 25$; or, la batterie doit être échelonnée de 15. J'augmente donc l'échelonnement de 10 :	(*Direction*) : 1° Augmentez de 3o ; Augmentez l'échelonnement de 1o ; 2° Abattez ; (*Hauteur*) : 3° Angle de site $+ 5$; 4° Correcteur 18 ; (*Portée*) : 5° Par la droite par batterie ;

6° 3.2oo	C
3.6oo	NO
3.6oo	NO
3.4oo	NO
4.ooo	NO

Le capitaine n'ayant pu déterminer l'encadrement, se décide à battre la zone suspecte par un tir à salves échelonnées :

Correcteur 20 ;	
3.2oo	NO
3.3oo	NO

RAISONNEMENT	COMMANDEMENTS

	3.400	NO
	3.500	NO
	3.600	NO
	3.500	NO
	3.400	L.

Le but est encadré entre
3.200 et 3.400.

Salve de contrôle :
Correcteur, 18 ;
3.200 C.

Tir d'efficacité.

Tir par rafales, au commandement du capitaine.	Par 5, fauchez ;
	Correcteur, 20 ;
Chaque pièce bat 25 mil-lièmes, donc il faut fau-cher par 5.	3.200 ;
	3.300 ;
	3.400.

Nouvel exemple

Tir contre l'infanterie apparaissant sur un glacis repéré.

La batterie doit surveiller une zone de 100 millièmes de largeur environ. Les pièces sont abattues sur cette zone avec un éventail convenable.

Le tir précédent n'a donné comme indication que la hausse et le correcteur bas convenant à un mur placé au sommet du glacis (2.100 court, 2.200 long, correcteur, 17).

La différence d'angle de site entre le sommet du glacis et sa partie inférieure, mesurée, par exemple, à l'aide de la jumelle, est de 5 millièmes.

Pour la 1re pièce
ou   Par la droite par batterie, } Suivant les circonstances.

Tir percutant.

1.900	Le coup est tombé aux deux tiers du glacis à partir de la base.
1.700	Le coup est tombé à un tiers environ du glacis à partir de la base.

Le capitaine refait en conséquence l'échelle ci-après pour les hausses et les correcteurs.

Base du glacis.	1.500	Correcteur bas 12.
Premier tiers à partir de la base . .	1.700	— 14.
Deuxième tiers à partir de la base .	1.900	— 15.
Sommet.	2.000	— 17.

Un objectif de 12 millièmes de front vient à apparaître dans la partie gauche de la zone et entre le premier et le deuxième tiers, à partir du bas.

3ᵉ et 4ᵉ pièces. — Correcteur, 14 — 1.700.

Le capitaine voit que la 3ᵉ pièce tombe à 4 millièmes à gauche.

3ᵉ pièce, à mon commandement :
A droite, deux tours. — FAUCHEZ

1.700 ;

1.800.

Le but disparaît.

TIR FUSANT
Exemples de tir avec TIR PROGRESSIF

Règle : *Fourchette de* **400 mètres** ; *tir progressif avec ou sans fauchage en partant de la* **limite courte** (*fauchage* **simple** *ou fauchage* **double** *seulement*).

Exemple. — Un but profond apparaît à 60 millièmes à droite du peuplier ; il a un front de 50 millièmes.

RAISONNEMENT	COMMANDEMENTS
J'amène droite sur droite, je ne change pas l'ouverture de l'éventail, car $\dfrac{50}{4}$ = 12,5 ; je verrai après la première salve :	(*Direction*) : 1° Diminuez de 60 ; 2° Abattez ; (*Hauteur*) : 3° Angle de site + 5 ; 4° Correcteur, 18 ; (*Portée*) : 5° Par la droite par batterie ; 3.000 L.

RAISONNEMENT	COMMANDEMENTS

RAISONNEMENT

Je suppose que la salve soit haute de 12 en moyenne. J'abaisse le correcteur de 11 ; mais comme c'est la première salve, je corrige de 10, *par l'angle de site ;* de 1, par le correcteur :

Tous les éclats ont été longs, et la fumée me paraît longue ; je peux considérer la salve comme longue (je rappelle que, si la salve avait été *haute* et les éclats *courts, jamais* je ne pourrais considérer la salve comme *courte*). D'ailleurs, si dans le tir de *réglage* un seul coup est observable, je peux m'en servir (on opérait ainsi avec le canon de 90), mais il est bien entendu que je devrai toujours avoir au moins **deux coups** de **même sens** pour une **limite** *de fourchette.*

La 2ᵉ pièce est trop près de la 3ᵉ. Je resserre mon front, que j'ai trouvé trop large.

La salve ayant donné à bonne hauteur de 1 millième trois coups fusants, un percutant ;
J'ai la fourchette de *400* *mètres ;* elle est bien répar-

COMMANDEMENTS

Angle de site — 5 ;
Correcteur 17.

2ᵉ pièce :
Diminuez de 3 ;
Diminuez l'échelonnement de 5 ;
2.600   L.
2.200   C.

RAISONNEMENT   COMMANDEMENTS

tie ; elle peut me servir de salve de contrôle, sinon je la retirerais.

Pour être sûr de conserver le faisceau, qui est bon, je peux commander (1) :

Inscrivez les dérives.

Tir d'efficacité.

Je me décide à faire un tir progressif : En direction, chaque *pièce* bat un front de 15 millièmes, donc je divise ce front par 5 :
$$\frac{15}{5} = 3 \; ; \text{ il faut } \textit{faucher}$$
simple.

Je relève mon correcteur de 2 pour avoir 3 millièmes de hauteur :

Correcteur 19 ;
Tir progressif ;
Par 3 fauchez ;
2.600.

Tir percutant à **OBUS à BALLES.**

RÈGLE : Hausse **moyenne** d'une fourchette de 50 *mètres*.

Avoir *deux ou trois coups longs* sur *quatre observés* (contre le personnel, salves échelonnées de 25 ou 50 mètres, suivant la forme du terrain).

---

(1) Pour revenir sur la *surveillance primitive,* il faudra que je fasse la correction inverse de l'ouverture du feu, c'est-à-dire :

Augmentez de 60 ;
Inscrivez les dérives.

En surveillance.

Je serai sûr d'avoir un bon faisceau.

La largeur totale que peut battre la batterie est de 25 mètres.

Chaque pièce sera échelonnée du quart de ce que représentent ces 25 mètres suivant la distance et dirigée sur le milieu de la tranche qui lui correspond $\left(\dfrac{25}{4} = 6\right.$; si la batterie était avec un faisceau de 15, je diminue l'échelonnement de 9).

RAISONNEMENT	COMMANDEMENTS

(Direction) :

    Augmentez de 60 ;
    Diminuez l'échelonne-ment de 9 ;
    Abattez ;

(Hauteur) :

    Tir percutant ;
    Angle de site — 5 ;

(Portée) :

    Par la droite par bat-terie ;

2.000	C ;
2.400	L ;
2.200	C ;
2.300	C ;
2.350	L.

Tir d'efficacité.

Tir par **rafales.**

Par 4 : 2.325   3 C, 1 L ;
        2.350   1 C, 3 L.

Tir à obus explosifs.

Règle : **Contre obstacle.** Tirer sur la hausse **moyenne** de la fourchette de 5o mètres, avoir *deux ou trois coups* **longs** sur quatre observés.

Contre personnel abrité. Chercher la fourchette de 25 mètres :

1° *objectif* **vu.** Tir sur trois hausses échelonnées de 25 en 25 mètres ;

2° *objectif* **masqué** *aux vues.* Chercher la *fourchette* de **100 mètres** de la crête. **Augmenter la limite longue de 50 mètres.** Se rapprocher par bonds de 25 mètres jusqu'à ce qu'on **aperçoive** des **coups sûrement courts. Recommencer** en modifiant la direction pour avoir la **densité** voulue (5o obus à l'hectare donnent une efficacité de 33 °/₀).

Exemple. — *Objectif masqué aux vues* d'un front de 5o millièmes.

RAISONNEMENT	COMMANDEMENTS
Je suppose que j'ai un éventail de 6o ou échelonnement de 15, or $\dfrac{5o}{4} = 12,5$.	*(Direction)* : Diminuez de 8o ; Diminuez l'échelonnement de 2 ; Abattez.
	(Hauteur) : A obus explosifs ; Angle de site — 5.
	(Portée) : Par la droite par batterie ; 3.ooo C.

RAISONNEMENT	COMMANDEMENTS
	—

2ᵉ pièce :

Augmentez de 10 ;
3.400   L ;
3.200   C ;
3.300   L.

Tir d'efficacité.

J'augmente de 50 et je me rapproche par bonds de 25 :

        3.350 ;
        3.325 ;
        3.300 ;
        3.275 ;
        3.250.

Le coup devient nettement court.

Densité. — 50 millièmes à 3.000 font 150 mètres, si je bats sur 100 mètres de profondeur j'aurai 15.000 mètres carrés à battre ou 1 hectare et demi, il faut donc que je tire 75 coups pour avoir une efficacité de 33 %.

La première série a eu cinq salves de quatre coups ou vingt coups, je vais donc tirer trois séries successives en déplaçant la direction pour battre tout le front.

Augmentez de 5 ;
3.350 ;
3.325 ;

RAISONNEMENT	COMMANDEMENTS
	3.300 ;
	3.275 ;
	3.250.
	Augmentez de 10 ;
	3.350 ;
	3.325 ;
	3.300 ;
	3.275 ;
	3.250.
	Diminuez de 15 ;
	3.350 ;
	3.325 ;
	3.300 ;
	3.275 ;
	3.250.
	En surveillance.

Passer du tir de l'obus à balles au tir à obus explosifs.

Règle : Régler à **200** avec l'obus à balles.

Partir de la **hausse longue** et **recommencer** le réglage avec l'obus explosif (L'obus explosif plus léger perd sa vitesse, donc en partant du coup long il tombera dans les limites déjà déterminées).

Tir contre objectif **vu**. Front 30.

RAISONNEMENT	COMMANDEMENTS
	(Direction) :
	Diminuez de 80 ;
	Diminuez l'échelonnement de 5 ;
	Abattez.

RAISONNEMENT	COMMANDEMENTS

(Hauteur) :
Angle de site + 10 ;
Correcteur 18.

(Portée) :
Par la droite par batterie ;

3.000	L ;
2.600	C ;
2.800	L.

(Cet exemple peut se produire par suite d'une erreur d'observation.)

A obus explosifs ;

2.800	C ;
3.000	C ;
3.200	L ;
3.100	C ;
3.150	L.

Tir d'efficacité sur trois hausses échelonnées de 25 en 25 mètres.

Par 3 fauchez.
3.100 ;
3.125 ;
3.150.

Densité. — On veut obtenir seulement 15 % ; on aura vingt-cinq coups au lieu de cinquante à tirer à l'hectare. Or 30 millièmes font, à 3.000 mètres, 90 mètres, soit sur une profondeur de 50 mètres on a : $90 \times 50 = 4.500$ mètres carrés. Il faut tirer douze coups de canon ou trois salves. Donc le tir est terminé.

Tir extrêmement important.

Tir contre l'artillerie.

Le but essentiel est la **destruction de l'adversaire** (art. **194**, titre IV).

Si la destruction est impossible, forcer le canon ennemi au silence, pour avoir des batteries qui donnent sans crainte leur appui direct à l'infanterie, tel est le but, dit le commandant Buat (p. 132, *Journal des Sciences militaires,* 15 mars 1912), mais il y a un intérêt primordial à ce que la **lutte d'artillerie** soit **décisive,** ajoute-t-il (p. 134).

210 (titre IV). **Artillerie.** — L'artillerie présente des buts de **vulnérabilité éminemment variable.**

La vulnérabilité la plus grande existe depuis le début des reconnaissances jusqu'à l'achèvement de la mise en batterie (exactement jusqu'au moment où l'artillerie ennemie est prête à tirer).

Un feu efficace sur les reconnaissances peut apporter des retards importants dans la mise en batterie et priver l'artillerie de ses chefs.

Un feu efficace au moment de la mise en batterie peut produire des pertes et un désordre tels que l'artillerie s'en relèvera difficilement. Le moment où elle se retire du feu est aussi pour elle des plus critiques si elle le fait par un mouvement d'ensemble.

Si on considère l'artillerie en batterie, et si ses pièces sont vues à bonne portée, il ne faudra pas une consommation exagérée de projectiles pour détruire son matériel (1).

Si les pièces ne sont pas vues, si elles sont trop loin ou si l'on connaît seulement la direction de l'objectif par ses lueurs, par la poussière que soulève le tir, on ne peut tenter le tir à démolir sans risquer d'y employer un nombre de projectiles inadmissible ; mais l'artillerie n'en conserve pas moins une certaine vulnérabilité.

Il existe toujours dans les batteries, en avant, en arrière

---

(1) Le nombre des projectiles à tirer pour atteindre une des deux voitures d'une pièce (canon et caisson) varie avec la distance de tir et les conditions de l'observation. Il est en moyenne de 15 ou 25 projectiles suivant que le but est à 2.500 ou 3.500 mètres.

Naturellement, le tir à démolir le matériel est efficace contre le personnel.

ou dans les intervalles, un personnel de commandement, d'agents de transmission, d'observateurs, qui est incomplètement abrité et qui l'est moins, en général, dans les moments d'activité de l'artillerie.

D'autre part, les boucliers ne confèrent pas à tous ceux qui s'en abritent une protection absolue.

Le tir fusant lui-même conserve quelques effets, et d'autant plus grands qu'on met les batteries sous un tir plus oblique. Enfin, les obus explosifs atteignent les servants, quelles que soient leur places.

Seul, un éloignement suffisant de la crête couvrante ou du masque pourrait rendre un objectif absolument indemne, car on n'a pas les moyens de battre une profondeur de terrain indéfinie. Mais on sait d'autre part que le grand éloignement des batteries entraîne au moins quelques difficultés et incertitudes de commandement.

Il convient de se faire une opinion, d'après les indices de toute nature qu'on peut observer, sur la profondeur de la zone qu'on peut raisonnablement considérer comme suspecte (1).

En certains cas, on aura une certitude ; en d'autres cas, de simples probabilités. On en conclura ce qu'il en peut coûter de projectiles pour un effet utile probable. On mettra en regard l'urgence de produire cet effet utile et on décidera.

211 (titre IV). Ces considérations dictent les principes à suivre pour conduire le feu contre un objectif d'artillerie.

Si on a la priorité d'occupation des positions, observer avec soin les indices des reconnaissances ennemies, et de la mise en batterie. Saisir le moment de ces opérations pour tirer (tir fusant, *limites larges, front large*, maximum de rapidité). Renouveler, s'il y a lieu, en resserrant les limites.

Si on n'a pas la priorité d'occupation ou si on a laissé échapper l'occasion de tirer au moment des reconnaissances et de la mise en batterie, procéder comme il suit :

Premier cas :

Artillerie dont on voit les pièces. — 1º Atteindre le personnel découvert et produire un premier effet de trouble par un tir fusant (limites larges, front large) ;

____

(1) La fumée d'un coup percutant a 4 mètres, donc en tirant quelques coups percutants, de 5o en 5o mètres par exemple, la distance 3.45o pour laquelle la fumée n'apparaît qu'un moment après l'éclatement est celle qui donne le point à 4 mètres au-dessous de la crête, c'est donc le point de *défilement aux lueurs* de l'ennemi.

2° Renforcer l'effet déjà produit en atteignant le personnel même abrité. Pour cela, employer les **obus explosifs,** *resserrer les limites* de la portée autant qu'il est possible et restreindre le front battu au front précisé de l'objectif. Tirer un nombre de projectiles, aussi également répartis que possible, proportionné à la surface résultant des limites trouvées (n° 192 ; 50 obus à l'hectare, uniformément répartis, produisent en moyenne une efficacité de 33 °/₀) ;

3° Achever la destruction du personnel en même temps qu'entreprendre celle du matériel ; à cet effet, exécuter un tir aussi précis que possible sur toutes les pièces vues et le poursuivre jusqu'à ce que le résultat soit obtenu, à moins qu'une autre tâche ne sollicite la batterie, que la pénurie des munitions n'oblige à les économiser, ou encore que la distance trop grande ne détourne de faire du tir à démolir. Dans ces différents cas, désigner une fraction de la batterie (pièce ou section) toujours prête à tirer quand l'objectif manifestera de nouveau son activité et rendre disponible l'autre fraction de la batterie.

Le tir à démolir peut être exécuté indifféremment avec toutes sortes d'obus.

Les trois phases indiquées ci-dessus doivent se suivre sans interruption.

EXEMPLE. **Pièces vues.** — Une artillerie vue occupe un front de 60 millièmes.

RAISONNEMENT	COMMANDEMENTS
J'ai un éventail de 15 ; l'ennemi occupe un front de 60 à 3.000 soit 180 mètres, il a deux batteries ennemies ; $\frac{60}{4} = 15$, je n'ai pas à changer mon faisceau :	
	(*Direction*) : Diminuez de 80 ; Abattez.
	(*Hauteur*) : Angle de site + 5 ; Correcteur 18.

RAISONNEMENT	COMMANDEMENTS

(*Portée*) :
Par la droite par batterie ;
3.000   L ;
2.600   C.

1ʳᵉ PHASE : J'ai une **fourchette large**, *avant tout* il faut *anesthésier* l'artillerie ennemie.

Chaque pièce bat 15 millièmes :

Correcteur 20 ;

Tir progressif ;
Fauchez ;
2.600.

2ᵉ PHASE : **Atteindre le personnel. Employer l'obus explosif.** Resserrer les limites de la portée autant que possible. Restreindre le front battu au front de l'objectif.

A obus explosifs.

Diminuez l'échelonnement de 5 ;
3.000   C ;
3.200   L ;
3.100   C ;
3.150   L.

Tirer un nombre de projectiles proportionné à la surface :

180 mètres de front ;
20 mètres de profondeur,

3.

RAISONNEMENT	COMMANDEMENTS

soit 3.600 mètres de sur-face à battre ou $\frac{1}{3}$ d'hectare environ, $\frac{50}{3}$ donnent envi-ron 20 projectiles ou 5 sal-ves.

Comme le front battu par chaque pièce était de 15 au commencement, je ferai deux tirs avec fau-chage sur 3.125 (soit douze coups pour la batterie) et sur 3.150 (douze autres coups).

On a obtenu la destruc-tion à peu près complète du personnel et souvent quelques coups heureux ont détruit du matériel :

3e PHASE : **Détruire le matériel** (tir aussi précis que possible).

Opérer par série de quatre coups, sur lesquels on doit avoir deux ou trois coups longs.

3.125 ;
3.150.

1re pièce à mon com-mandement ;
4e pièce au commande-ment du lieutenant.

1re pièce 3.150   L ;
Diminuez de 2
3.150   C ;
Repérez
3.150   L ;
3.150   L.

RAISONNEMENT	COMMANDEMENTS

	4ᵉ pièce (commandée par le lieutenant);
	3.150 C;
	3.150 C;
	3,150 C;
	3.175 L;
	3.175 L;
	3.175 C;
	3.175 L.
Le Capitaine commande :	2ᵉ pièce à mon commandement.
Le Lieutenant commande :	3ᵉ pièce à mon commandement.

Le règlement dit qu'il faut 15 à 25 coups suivant que le but est à 2.500 ou 3.500 mètres, soit 20 coups en moyenne pour atteindre l'une des deux voitures. Donc avec 120 coups, soit un caisson et demi, ou 150 coups avec les tirs antérieurs on peut détruire complètement le personnel et le matériel d'une batterie de six pièces (Commandant Buat, p. 145).

Si la batterie n'est vue qu'en partie, les lueurs donnent son front et on opère comme ci-dessus.

212 (titre IV). Le tir à démolir comportant la plus grande précision en portée et en direction, nécessite des efforts considérables d'attention. Il ne peut être exécuté par un seul observateur qu'avec une pièce à la fois.

Il conviendra donc, si la nature de l'objectif indique qu'on aura à exécuter du tir à démolir et si le nombre des batteries dont on dispose le permet, de limiter à un front d'environ 100 mètres l'étendue de l'objectif à combattre par chaque batterie.

Mais si l'objectif ne comporte pas le tir à démolir, une batterie suffira toujours à fournir en obus fusants ou explosifs un débit tel qu'il sera inutile de le dépasser contre un objectif d'artillerie quelque dense qu'il soit, n'excédant pas un front de 200 mètres.

211 (titre IV). *Deuxième cas.* **Pièces non vues.** — On connaît la présence de l'artillerie par des lueurs ou par la poussière que soulève son tir ou par tout autre renseignement. 1° et 2° comme pour l'artillerie à pièces vues, si ce n'est que dans la deuxième phase on est obligé de fixer arbitrairement une limite longue (la limite courte étant la hausse de la crête). Par exemple on tiendra compte de cette considération que les pièces ennemies seront très rarement à plus de 200 mètres de la crête ou du masque (1).

Dans l'impossibilité de resserrer les limites du tir et dans l'incertitude du résultat obtenu, il convient après ces deux actes d'attendre que de nouveaux indices se produisent. On les observera avec le plus grand soin pour en tirer profit. La batterie restera en arrêt sur l'objectif pendant qu'on cherchera attentivement les observateurs de l'ennemi ou ses postes de commandement. Si on les découvre, on cherchera à les détruire.

« Les effets de destruction sont loin d'être chimériques, dit le commandant Buat (p. 136, *Journal des Sciences militaires,* 15 mars 1912). Que tout artilleur de bonne foi se demande en combien de circonstances de son existence il a pris position à plus de 200 mètres, de la crête couvrante. Or, c'est à 33 % que le règlement estime les pertes subies par une batterie entièrement défilée, en tirant 50 obus à l'hectare. Quelle est la troupe qui de nos jours est capable de résister moralement à un feu qui lui fauche instantanément le tiers de son effectif ?

« On commencera donc par écraser les batteries visibles, pour continuer par les batteries invisibles, mais certainement très voisines de la crête couvrante. Quant aux autres on se contentera de les neutraliser puisqu'il est impossible de mieux faire. »

---

(1) La fumée de l'obus percutant a 4 mètres de diamètre, or 4 mètres est le défilement aux lueurs, donc en tirant percutant, la distance pour laquelle la fumée n'apparaît pas au moment de l'éclatement, est approximativement celle du défilement aux lueurs.

EXEMPLE. **Pièces non vues.** — Artillerie dont on voit les lueurs sur un front de 60 millièmes.

RAISONNEMENT	COMMANDEMENTS

(*Direction*) :
   1° Diminuez de 70 ;
   2° Abattez.

(*Hauteur*) :
   3° Angle de site 0 ;
   4° Correcteur 18.

(*Portée*) :
   5° Par la droite par batterie.

Régler sur la crête à 100 mètres ou simplement à 200 mètres.

3.000	C ;
3.400	L ;
3.200	C ;
3.300	L.

Avant tout, *anesthésier* l'adversaire, et, le terrain étant incliné en arrière, j'applique la règle (§ *h*, art. **171**) : un **déplacement de 100 mètres** environ du **point d'éclatement** sera obtenu :

Si la pente est supposée de 60 millièmes :

— par une augmentation de hausse de 50 mètres ; une diminution du correcteur de 2.

RAISONNEMENT	COMMANDEMENTS

Pour une pente supposée de 90 millièmes :

— par une augmentation de 25 mètres ; une diminution du correcteur de 3.

D'après le général Rohne, l'artillerie allemande doit tirer presque toujours au défilement de l'homme à pied, mais ici l'ennemi est supposé au défilement des lueurs, soit à 4 mètres au-dessous de la côte.

Densité. — Supposons la pente de 50 millièmes.

$$\frac{4^{m}\ (\text{lueurs})}{50} = \frac{x}{1.000}$$

d'où

$$x = 80^{m} \text{ soit } 100^{m} \text{ environ.}$$

Le front étant de 180 mètres, la surface à battre est $180 \times 100 = 18.000$ mètres ou 2 hectares.

Si je veux avoir une efficacité de 15 % seulement, je dois tirer 25 obus à l'hectare, soit ici 50 obus,

$$\frac{50}{4} = 12 \text{ coups par pièce}$$

(ou 4 salves en fauchant, $3 \times 4 = 12$).

RAISONNEMENT	COMMANDEMENTS
Je commanderai donc :	
Déplacement du point de chute de 100 mètres :	Fauchez : Correcteur 16 ; 3.200.
Je dois tirer 4 salves.	Augmentez de 5 ; Correcteur 16 ; 3.250.
Déplacement du point de chute de 50 mètres :	Correcteur 17 ; 3.225.
	Correcteur 15 ; 3.275.

Batterie à contre-pente ou **batterie masquée par un bois.**

Chercher la hausse qui convient *au point* que permet de voir la crête ou le masque *sur le terrain en arrière*.

Faire un tir régressif de 100 mètres en 100 mètres en obus à balles sur trois ou quatre hausses.

Observer surtout les effets produits.

Tir de neutralisation sur une artillerie sur laquelle on a déjà tiré.

Tir lent et continu dans les limites qu'on a réalisées ou appréciées. Chaque chef de pièce reçoit l'ordre de battre :

Un front de :
Une profondeur de :
A la vitesse de :

Si l'ennemi reprend son feu : tir fusant à toute

vitesse par rafales échelonnées pour borner la zone de terrain battue, et agir en même temps sur le correcteur si le terrain est en pente.

213 (titre IV). **Infanterie.** — L'infanterie, comme l'artillerie, offre des buts de vulnérabilité variable.

Mais, tandis que l'artillerie ennemie une fois en place constitue un objectif défini, dont les seules modifications importantes sont qu'il peut passer de l'action à l'inaction en découvrant ou abritant plus ou moins de personnel, l'objectif d'infanterie change de formes, de dimensions, de densité et quelquefois de place d'un instant à l'autre.

On peut quelquefois détruire un objectif d'artillerie ; on ne peut pas, pratiquement, détruire une troupe d'infanterie dont les éléments se garent individuellement et peuvent supporter le feu presque sans pertes.

Enfin, on peut dire que l'artillerie est en quantité limitée et que, en raison de la puissance du tir d'une seule pièce, toute fraction d'artillerie vue ou qui tire vaut la peine d'être prise à partie, tandis que l'infanterie existe en quantité à peu près indéfinie, qu'il y en a à peu près partout, mais par fractions de peu d'importance, qui, par leur faiblesse ne provoquent pas le feu ou par leur multiplicité obligent celui qui veut tirer à disperser son tir.

Aussi, le tir contre les objectifs d'infanterie produira rarement de grandes pertes. Mais on peut en attendre d'autres résultats.

Dans la défensive (depuis le moment de la première apparition de l'ennemi jusqu'à ce que notre propre infanterie, en l'arrêtant, le transforme en un but fixe, suffisamment dense et vulnérable), obliger l'assaillant à se déployer de loin, à diluer ses unités, à chercher les cheminements défilés, le faire hésiter à traverser les zones battues ou ne lui permettre de les traverser qu'en payant tribut.

Dans l'offensive, maintenir le défenseur dans ses abris, l'empêcher de tirer quand il aurait intérêt à le faire, le priver de l'usage de certains points d'appui, gêner le jeu des réserves.

214 (titre IV). La plupart du temps, ces résultats pourront être obtenus par des tirs de peu de projectiles à la fois, tirés à propos et renouvelés aussi souvent que les occasions s'offriront en tenant compte des approvisionnements, de la vivacité de l'action générale, de l'approche de l'assaut.

Au fort du combat, et à mesure que le dénouement devient

imminent, les batteries tirant contre l'infanterie seront de plus en plus nombreuses. Mais, tant que la situation n'est pas éclaircie, pour ne pas dévoiler inutilement toute son artillerie, pour garder des batteries prêtes à parer à l'imprévu, il sera avantageux de n'engager contre l'infanterie (comme d'ailleurs contre l'artillerie) que le nombre de canons nécessaire. Or, une pièce aura presque toujours le débit suffisant pour arroser, avec l'effet utile voulu, tout le front que lui permet son coulissement; une **batterie** pourra donc être chargée de **combattre l'infanterie sur une largeur de 300 à 600 mètres.**

Il sera d'ailleurs loisible au capitaine de concentrer le tir de plusieurs ou de toutes les pièces tantôt sur une partie de ce front, tantôt sur une autre.

En résumé, par la grande variété des cas particuliers, la conduite du tir contre l'infanterie échappe à une réglementation, même large, comme celle donnée ci-dessus à propos du tir contre de l'artillerie. La meilleure garantie d'un tir bien conduit est dans les facultés du capitaine : coup d'œil, sang-froid, sens tactique aiguisé, connaissance approfondie des ressources du matériel et grande habitude du commandement.

Exemple. — **Tir sur l'infanterie après repérage.**

La batterie doit surveiller un front de 400 mètres à 1.500 mètres ; le tir ayant été ouvert, elle peut faire un repérage qui doit comprendre *dix à douze coups au maximum.*

Chaque pièce peut être *échelonnée de 80 millièmes,* ce qui est un maximum, car si l'abatage n'est pas bien fait, cela ne laisse qu'une erreur de 10 millièmes à droite et 10 à gauche.

Cela fait d'ailleurs 300 millièmes environ pour une batterie, soit :

900 mètres à 3.000 mètres ;
600 mètres à 2.000 mètres.

Le point le plus important est celui-ci : je vais de droite à gauche *accrocher chacune de mes pièces* à un **point remarquable** du terrain (meule, limite de champ, buisson, bord de route, etc.), *ce point étant situé dans les environs du centre de la zone que doit battre la pièce,* soit environ à 75 millièmes du voisin.

Chaque pièce étant abattue sur son point remarquable, je tirerai successivement pour chacune d'elles deux ou trois coups de manière :

1° Qu'elle soit assise et que sa direction soit assurée ;

2° A avoir la portée à 200 mètres près (si possible) et le correcteur (Avec l'obus de guerre on peut faire le repérage en fusant bas aussi facilement qu'en percutant). Chaque pièce inscrit sur son bouclier les éléments de son tir.

Supposons maintenant qu'à 30 millièmes à droite du buisson où est fixée la troisième pièce paraisse une infanterie de front 45.

30 millièmes correspondant à 15 tours, je commande :

Troisième pièce à droite 15 tours ;
Par 4 fauchez double.
Les éléments.

La pièce prend les éléments inscrits sur son bouclier et exécute le tir prescrit.

L'expérience montre qu'en arrière d'un premier essaim, dans son « sillage il existe presque toujours d'autres essaims » (Commandant BUAT, p. 162, *Journal des Sciences militaires*, 15 juillet 1911).

Après chaque tir, la pièce est repointée (à moins que le capitaine ne juge nécessaire de la faire repérer).

Il est bon d'observer que l'infanterie se couche ou s'abrite derrière le moindre accident du sol et qu'il est souvent plus avantageux, après avoir tout préparé, de ne faire partir les coups de canon qu'au moment où l'infanterie reprend son mouvement, sur un signe fait au moment où l'on voit bouger l'essaim visé.

Le tir sur essaims, dit le général Percin (*Cinq années d'inspection*, p. 161), que le capitaine en conserve la direction ou qu'il abandonne celle-ci aux chefs de pièce, sera toujours un tir très difficile. Le mieux sera, peut-être, d'attendre l'assaillant sur des parties de la crête ou de la lisière où il passera en formations denses, points de départ obligés de son infiltration qu'on aura repérés à l'avance. »

Tir contre des tirailleurs.

La chaîne des tirailleurs ennemis forme une ligne brisée essentiellement mobile, qui s'avance par mille bonds courts et rapides.

Il faut donc un tir en profondeur, en se rappelant que les salves courtes sont les plus efficaces.

Il est bon de noter qu'*au-dessous* de 2.000 mètres les gerbes des projectiles tirées dans un **fauchage double** se recouvrent.

Assaut.

Le tir pour un assaut demande une préparation pour laquelle on a d'ailleurs le temps.

Les commandements suivants du chef d'escadron peuvent être faits pour son groupe.

Objectif : à droite du point de repère 300 ;
lisière de bois, front 200.
A chaque batterie sa part.
Angle de site + 5 ;
Correcteur 14 ;
3.000 court ;
3.200 long.

A 2 heures, salve de contrôle du groupe, de la droite à la gauche, régularisez le tableau.

A 2^h 10, tirez salve percutante de 200 mètres court pour repérer le terrain.

A mon signal (képi lancé en l'air) 4 rafales de 8 avec 30 secondes d'intervalles d'une rafale à l'autre.

Continuez par rafales de 2 jusqu'à ce que l'infanterie soit à 200 mètres.

Continuez percutant.

(La question de consommation de projectiles ne compte plus à ce moment.)

Tirs spéciaux employés fréquemment.

Tir contre un objectif petit, à atteindre **très rapidement**, tel qu'un **état-major** apparaissant, une **mitrailleuse**, un **OBSERVATEUR**, etc.
(*Tir très important.*)

Amener rapidement toute la batterie de manière à être **sûr** de **coiffer l'objectif**, prendre les pièces en direction, chercher une **fourchette très large** (art. **206**), exécuter un tir fusant sur un **front large** dans des **limites larges** avec la **rapidité maxima**.

RAISONNEMENT	COMMANDEMENTS
La batterie est échelonnée entre 15 et 20 :	Augmentez de 30 ; Abattez.
	Angle de site + 10 ; Correcteur 18.
	Par la droite par batterie ; 3.000 C.
Les 2ᵉ et 3ᶜ pièces sont seules en direction :	2ᶜ et 3ᶜ pièces à mon commandement ; 1ʳᵉ et 4ᵉ pièces halte au feu ; 3.400 L.
Avant tout il faut aller vite.	Tir progressif. Fauchez ; Correcteur 20 ; 3.000.

LA BATTERIE DANS LE GROUPE

(Chapitre VII, titre IV.)

215. Une batterie est rarement isolée, et son fonctionnement n'est complet que dans le groupe.

La facilité de ce fonctionnement dépend des emplacements relatifs :

De la batterie ;

Du poste de commandement du commandant de batterie ;

Du poste de commandement du commandant du groupe.

216. En général, au moment de la reconnaissance, le chef de groupe ne fixe pas exactement l'emplacement de chaque batterie, mais il ne laisse de liberté au capitaine, pour l'arrêter avec précision, que dans des limites assez étroites. Les données dont le commandant de groupe a besoin pour cette partie de sa reconnaissance, sont celles exposées au chapitre IV (mission, présence de batteries voisines, défilement) (Voir page 1).

217. Le commandant de groupe peut vouloir le commandant de batterie près de lui. Dans ce cas, toute difficulté de communication entre le commandant de groupe et le commandant de batterie est supprimée, mais la difficulté peut exister entre le capitaine et la batterie : elle sera résolue par les moyens indiqués plus loin au n° **220**. La difficulté n'existera pas, d'ailleurs, obligatoirement. Par exemple, si le commandant de groupe prend son poste entre deux batteries, deux capitaines pourront être à la fois près de lui et près de leur batterie.

218. Si les capitaines doivent rester près de leur batterie, l'un d'eux au moins sera éloigné du commandant de groupe ; ils pourront être tous les trois éloignés de lui si, par exemple, il prend son poste de commandement à quelque distance sur le flanc du groupe.

La communication du commandant de groupe aux capitaines éloignés de lui sera assurée par téléphone, par signaux ou par agents de liaison.

219. Sous le feu, les communications dans le groupe seront plus qu'incertaines. Elles reprendront quelque sûreté pendant les accalmies. De toutes façons, il importe que le commandant de groupe et les commandants de batteries parlent le même langage pour que les explications à donner soient aussi abrégées que possible. Il faut encore prévoir le cas où la direction par le chef de groupe viendrait à manquer. Le plus ancien capitaine remplacerait le commandant de groupe, mais si le poste de combat est éloigné, ce remplacement n'aurait pas lieu de suite.

On en conclura que, dès la reconnaissance, sans longs discours, en se référant à la connaissance que tout officier doit avoir du rôle général de l'artillerie dans l'offensive et dans la défensive et de la conduite du feu appropriée aux divers objectifs, il est nécessaire de renseigner les commandants de batterie sur la situation et sur la mission du groupe et de fixer le rôle de chaque batterie de telle manière que le groupe agisse ensuite pour ainsi dire automatiquement, le chef de groupe ayant aussi peu que possible à intervenir, et que, lorsqu'il ne pourra s'empêcher de le faire, il ait le moyen de donner et de faire comprendre ses ordres sous la forme la plus concise.

Sans être absolues, les règles suivantes peuvent être recommandées comme répondant à ces desiderata.

1° *Pour nécessiter le moins possible l'intervention du chef de groupe :*

a) Si les batteries doivent avoir des missions différentes, les leur donner dans les termes les plus larges qui laissent aux commandants de batterie toute initiative et responsabilité pour les remplir en parant eux-mêmes aux incidents.

b) Si plusieurs batteries reçoivent une mission de même nature.

Dans l'offensive, quand les objectifs existent déjà, donner à une batterie, puis à une autre, une étendue d'objectif en rapport avec la puissance maxima que la batterie peut développer. Par cette façon de procéder, garder le plus possible de batteries disponibles pour parer aux imprévus. Fixer à ces batteries disponibles les conditions éventuelles de leur engagement.

Dans la défensive, quand les objectifs n'ont pas encore apparu, fixer entre les batteries l'ordre d'ouverture du feu et indiquer l'étendue du front sur lequel chacune d'elles, suivant la nature de l'objectif et l'effet utile à produire, devra développer son tir avant que les suivantes aient à s'engager, ou bien fixer une zone d'action à chaque batterie, solution qui pourra s'imposer, par exemple, lorsque chaque capitaine n'aura de vues que sur une partie de la zone totale, etc.

c) Les capitaines enverront au chef d'escadron les résultats de leur tir sous la forme suivante :

> Angle de site + 5 ;
> Correcteur d'efficacité 17 ;
> 2.300 C ;
> 2.400 L.

2° Pour désigner les objectifs sous une forme concise :

a) Le meilleur moyen est de désigner un **point de repère** sur **chacune des positions** où on peut avoir à désigner un objectif.

On les numérote 1, 2, 3...; le n° 1 étant le plus rapproché (comme si on partait pour la marche). En effet, si un but se trouve à 400 mètres plus près ou 800 mètres plus loin que le *point de repère,* le capitaine recevra l'indication de ce but avec un écart moindre que 10 millièmes.

Donc les points de repère 1, 2, 3 peuvent être à 1.200 mètres les uns des autres; ils seront toujours très peu nombreux et faciles à retenir.

C'est de *beaucoup* le **meilleur procédé** à employer, puisqu'il **supprime tout calcul.**

b) Procédé de la **double station.**
L'officier orienteur mesure $BO_1R = 60$ millièmes, il se déplace de 25 mètres par exemple et vient en O_2 (fig. 29).

Il mesure ·

$$BO_2R = 80 \text{ millièmes.}$$

Si pour 25 mètres de base il a une augmentation de 20 millièmes, pour 200 mètres il aura huit fois cette augmentation.

Excellent procédé, très exact, aucune réflexion à avoir.

220. *Correction de station* quand le repère et les objectifs sont à des distances différentes.

Soient un repère R et un objectif B plus près que le repère.

Un commandant de groupe O_1.

Un commandant de batterie en O_2.

Appelons les angles de la figure par les lettres de leurs sommets.

Le commandant de groupe désigne au capitaine le but B par son écart angulaire O^1 et sa distance estimée.

A quel écartement angulaire O_2 le capitaine devra-t-il chercher l'objectif désigné ?

Il n'y a aucun inconvénient à ce que chacun ait, pour résoudre ce problème, un procédé individuel. Le suivant n'est qu'un des nombreux procédés qu'on peut employer.

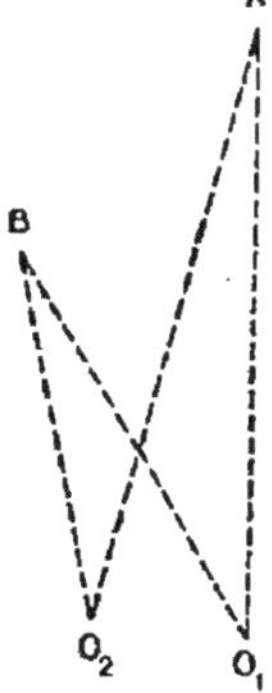

Fig. 29.

Sens de la correction à apporter à l'angle O_1.

Le capitaine, d'un mouvement de corps et d'un coup d'œil jeté à la fois sur le repère et sur un objet plus rapproché aperçu à gauche du repère (par exemple, sa propre main tendue), voit que l'angle O_1 se ferme (1) quand l'observateur se déplace de O_1 vers O_2. Donc, l'angle O_2 sera plus petit que O_1.

On ne se trompera jamais si on se rappelle la règle suivante :

Quand on regarde un paysage en se déplaçant sur le côté, les points éloignés paraissent marcher dans le même sens que l'observateur, les points rapprochés en sens contraire.

Il vaut mieux savoir le sens de la correction de convergence et en ignorer la grandeur, que de connaître cette grandeur et se tromper sur le sens.

Grandeur de la correction.

$O_1 - O_2 = B - R$, c'est-à-dire la différence des parallaxes des points R et B pour la base $O_1 O_2$.

Soient P_R et P_B les parallaxes des points R et B pour une *base de 10 mètres*, la correction sera :

$$\frac{O_1 O_2}{10} (P_B - P_R).$$

Application :

La distance $O_1 O_2$ est 100 mètres environ, R est à 4.000 mètres environ. Parallaxe pour 10 mètres = 2,5.

Le but est annoncé à 2.000 mètres environ.

Parallaxe pour 10 mètres = 5.

200 millièmes à gauche du repère est l'angle O_1 annoncé par le chef d'escadron.

La correction $= \dfrac{100}{10} (5 - 2,5) = 25$, et l'angle $O_2 = 200 - 25 = 175$.

---

(1) Pour une autre disposition des points B et R, par exemple B plus loin que R ou à droite de R, l'aspect serait différent. Mais le capitaine, sur le terrain, est en face d'un cas concret; il n'a besoin que de la solution correspondant à ce cas.

PARALLAXES	
D'UN POINT A LA DISTANCE DE	POUR UNE BASE DE 10 MÈTRES
8.000.	1,25
4.000.	2,5
3.000.	3,3
2.000.	5
1.500.	7,5
1.000.	10
500.	20

Un procédé de communication très commode consiste à tirer avec la pâte, que possèdent toutes les batteries, sur un carnet dont les feuillets se détachent, les indications suivantes :

LE COMMANDANT A LA _______________ B^{ie}

Repère N° _____________________

Objectif . . . { Artillerie _____________________
               { Infanterie _____________________

A droite . . . { Pour moi _____________________
               { Pour vous _____________________

A gauche . . { Pour moi _____________________
              { Pour vous _____________________

Front . . . . . _____________________

Angle de site. _______ + _______ — _______

Distance . . . { Pour moi _____________________
                { Pour vous _____________________

DÉSIGNATION :

(Voir au dos croquis succinct.)

On efface les indications inutiles, néanmoins il est bon d'indiquer les écarts avec la correction si on l'a faite et sans la correction (1). Au verso, on fait un **croquis** rapide, indispensable.

____

(1) C'est une indication précieuse pour le capitaine.

____

ANNEXE I

ÉCARTS ANGULAIRES

Qu'est-ce que le millième ?

Le millième est à très peu de chose près l'angle sous lequel un observateur voit *1 mètre placé à 1.000 mètres de lui* (art. **140**, titre IV).

On compte, par convention, 1.600 millièmes dans un angle droit (1).

Comment mesure-t-on les écarts angulaires *entre deux points ?*

Cet angle s'évalue en millièmes.

Quels sont les instruments que l'on emploie ?

Il y en a plusieurs.

1° Pour les **petits angles** (en faisant par expériences un **réglage personnel**) :

Les doigts de la main ;

Un carton qu'on découpe en dents de scie ;

La réglette ;

La jumelle, les sitomètres.

2° Pour les **angles voisins de l'angle droit** ou pour prolonger une ligne, on se sert :

De la jumelle, ou d'un carnet, ou d'une carte de visite.

---

(1) Le millième géométrique est l'*angle* dont les côtés interceptent un arc de 1 mètre de longueur sur une circonférence de 1.000 mètres de rayon.

Si nous prenons le quart de la circonférence :

$$\frac{\text{la circonférence} = 2\,\pi \times 1.000}{4} = 1.571.$$

On a adopté une unité un peu plus faible pour avoir un nombre rond, 1.600, par 90 degrés. Le millième de l'artilleur est donc presque égal au millième géométrique.

Quel est l'instrument le plus simple ?

C'est la *main*.

On place la main dégantée comme pour prêter serment (fig. 30), position qu'on prend presque toujours de la même manière (1).

Les doigts sont vus pour la majorité des personnes

Fig. 30 (1).

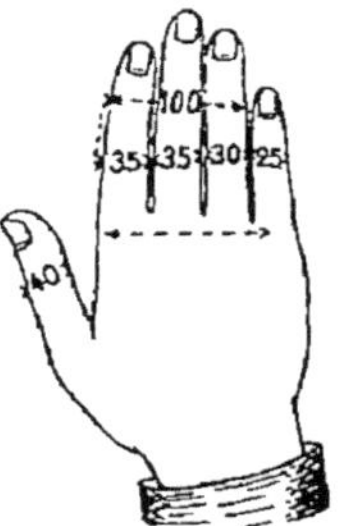

Fig. 31 (1).

sous des angles correspondant au nombre de millièmes indiqués sur la figure 31.

Il faut bien observer que les trois premiers doigts joints donnent 100 millièmes.

Il est très utile également d'établir, avec sa main, une base de 200 millièmes.

Deuxième manière de tenir la main.

Certains préfèrent tenir la main avec les doigts

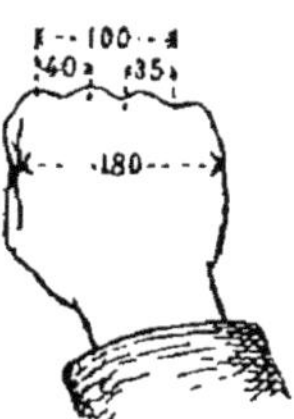

Fig. 32 (1).

fermés, toujours dans la position de la prestation du serment.

---

(1) Les figures 30, 31 et 32 sont extraites de la *Pratique du tir du canon de 75 mm de campagne*, par le commandant CHALLÉAT (Berger-Levrault, Paris).

Mesure avec un morceau de carton.

Prendre un morceau de carton, par exemple une boîte de papier à lettres vide, y découper une échancrure pour pouvoir la prendre facilement à la main.

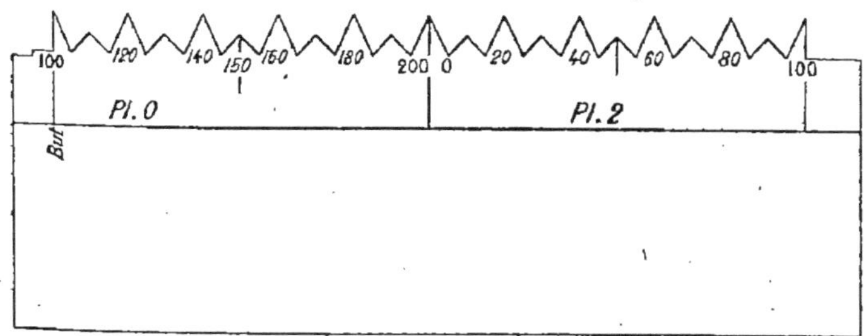

Fig. 33.

Pour le graduer viser deux points par exemple à $\dfrac{40}{1.000}$ l'un de l'autre. Marquer très exactement les points sur le bord du carton ; en prendre le quart ou 10 millièmes et reporter indéfiniment la graduation.

Réglette en bois, sans cordon, tenue à bout de bras.

Prendre une planchette et opérer exactement comme ci-dessus.

Réglette de direction réglementaire (art. **12**, annexe II, titre IV, p. 152 du Règlement).

La réglette de direction porte des graduations dont l'in-

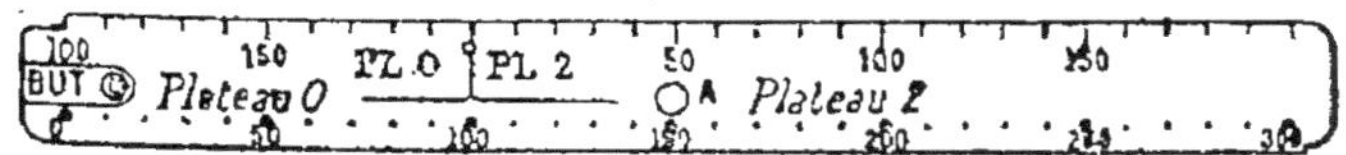

But à gauche

Les graduations de Plateau 2 et de Plateau 14
sont faites en rouge

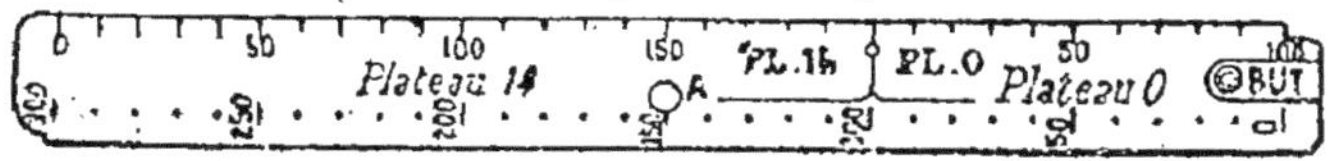

But à droite
Fig. 34.

tervalle correspond à un angle de 10 millièmes lorsqu'il est vu à la distance de 50 centimètres,

Un cordonnet de soie terminé par un bouton que l'on passe de l'intérieur à l'extérieur dans la boutonnière supérieure du vêtement et dont la longueur est convenablement réglée pour l'opérateur, permet de prendre la distance en question.

Réglage personnel. — Tous ces instruments sont *essentiellement personnels*. Suivant que l'on tient la tête plus ou moins en avant, le bras plus ou moins tendu, on peut avoir de grandes différences d'appréciation.

Donc *avant tout* faire un réglage personnel et ne pas craindre de le refaire souvent.

A cet effet on fait les mesures vis-à-vis les graduations fréquemment marquées dans les cours des quartiers, ou, à la campagne on mesure l'écart angulaire entre deux points et on le vérifie à l'aide d'un instrument précis comme la jumelle ou la lunette de batterie, ainsi qu'il est indiqué ci-dessous.

La Jumelle. — Quand on regarde dans la jumelle réglementaire, on voit sur son pourtour une série de traits blancs abc dont les intervalles sont vus sous des angles égaux à 10 millièmes; le champ total est de 80 millièmes.

Le micromètre du commerce, beaucoup plus com-

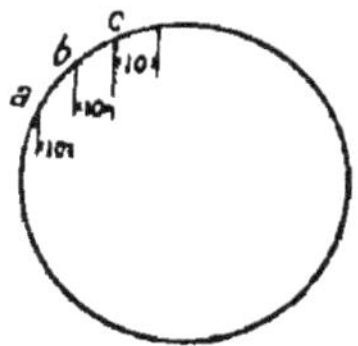

Fig. 35.
Jumelle réglementaire.

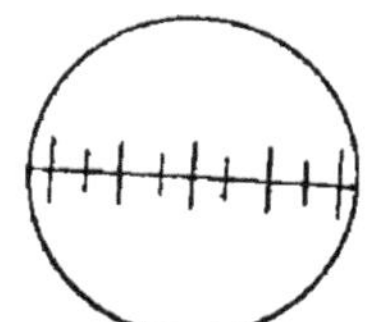

Fig. 36.
Micromètre du commerce.

mode, permet d'indiquer immédiatement et très exactement tout écart inférieur à 80 millièmes.

Au-dessus de la barre horizontale le petit trait donne la hauteur type, le grand trait deux hauteurs types.

L'intervalle entre deux traits verticaux est de 10 millièmes.

Lunette de batterie (Annexe II, titre IV, p. 151).

4. Mettre la lunette au point. — Saisir le manchon avec les deux mains et le faire tourner jusqu'à ce que le but soit dans la direction de la lunette; mettre l'œil à la lunette et la faire tourner autour de l'axe de rotation de la douille, jusqu'à ce qu'on aperçoive le but. Saisir ensuite avec la main gauche le corps de la lunette, et avec la main droite le bouton moleté du bouchon d'œil, faire tourner le bouton de droite à gauche jusqu'à l'arrêt du mouvement et ramener ensuite doucement le bouton moleté de gauche à droite jusqu'à ce qu'on aperçoive le but aussi nettement que possible.

5. Pointer la lunette. — Pointer d'abord en hauteur : à cet effet, faire tourner la lunette dans la douille, de façon que les traits de la division du micromètre soient sensiblement verticaux ; faire tourner ensuite la lunette autour de l'axe de rotation de la douille, jusqu'à ce que le point de visée se projette à l'extrémité inférieure de l'une des divisions du micromètre (1).

Pointer ensuite en direction : à cet effet, faire tourner le manchon de façon que le point visé se projette à l'extrémité inférieure du grand trait vertical du micromètre.

6. Emploi de la lunette. — La lunette permet :

1º De mesurer les écarts angulaires en millièmes et de traduire immédiatement cette mesure en numéros de la graduation du tambour et du plateau ;

2º De mesurer l'angle de site ;

3º De mesurer les hauteurs d'éclatement, et notamment de repérer la hauteur type.

7. Mesure de l'écart angulaire entre deux points. — a) *A l'aide du micromètre* . — Pointer la lunette sur l'objectif. Chacune des divisions du micromètre correspondant à 1 millième, il suffit de lire le nombre de divisions qui sont comprises entre les deux points dont on veut mesurer l'écart angulaire. Le micromètre ne permet d'apprécier que les écarts angulaires inférieurs à 60 millièmes.

b) *A l'aide de la graduation du plateau.* — La graduation du plateau de la lunette n'est autre que le cercle fictif de pointage figuré nº **118**. Chacune des petites divisions valant 10 millièmes, on peut généralement apprécier 5 millièmes.

---

(1) Faire attention que l'extrémité inférieure ne coïncide pas avec le bord inférieur du verre, qui apparaît comme un grand trait horizontal.

La lunette étant pointée sur *le plus à gauche* des points considérés, parce que la graduation va de gauche à droite, amener sans brusquerie l'index de l'indicateur mobile sur l'une des divisions correspondant à Pl o, T o ; pointer ensuite la lunette sur l'autre point, et lire l'écart sur le plateau du pied de la lunette vis-à-vis de l'index.

Pour lire les graduations, appliquer la joue contre le fût vertical de la lunette de manière à lire dans le sens où les chiffres sont marqués, sinon on fait des erreurs de lecture.

8. Chercher la dérive correspondant à un point de pointage (art. **153**, titre IV.). — La lunette étant *pointée sur le but*, c'est-à-dire *là où serait pointée la pièce*, mettre l'index de l'indicateur du plateau en face de la division : Pl o, T 100 ; pointer ensuite l'instrument sur le point de pointage. Le trait du plateau qui se trouve vis-à-vis de l'index indique la dérive en question.

9. Rendre un canon parallèle à la lunette (art. **156**-3°). — La lunette étant *pointée sur le but*, mettre l'*index* de l'indicateur du plateau *en face de la division*, pointer *ensuite* l'instrument sur la *colonne* d'appareil de pointage du canon. Le trait du plateau qui se trouve alors vis-à-vis de l'index indique la dérive à donner au canon.

Pointer le canon avec cette dérive sur le manchon de la lunette.

10. Mesure de l'angle de site. — Placer la lunette à peu près en direction, puis la faire tourner autour de son axe pour amener les traits du micromètre à être horizontaux, amener la bulle du niveau au milieu de la fenêtre, en agissant sur la longue-vue, et lire la division du micromètre sur laquelle se projette le but.

11. Mesure de la hauteur d'éclatement. — La lunette étant en direction et les traits du micromètre horizontaux, faire passer le grand trait par le pied du but en agissant sur la longue-vue, et lire la division du micromètre en face de laquelle apparaît l'éclatement.

On peut encore, les traits du micromètre étant verticaux et la lunette pointée (n° **5**), apprécier la hauteur type au moyen des traits qui occupent le demi-champ supérieur de la lunette.

(La hauteur type est donnée par la longueur du trait lui-même et ne part pas de ce qui paraît être un grand trait horizontal et qui est le bord inférieur du micromètre.)

Quelles conséquences pratiques pouvez-vous en tirer?

Ou bien la distance est connue et h est inconnu, ou bien h est connu et D inconnu.

I. *Connaissant* la **distance**, comment *trouvez-vous* le **front** ou la hauteur d'un objectif?

Sur une crête à 3.000 mètres se trouve de l'artillerie qui occupe un front de $\dfrac{30}{1.000}$.

Je fais le triangle semblable

$$\frac{30}{x} = \frac{1.000}{3.000}$$

$$x = \frac{30 \times 3.000}{1.000} = 90 \text{ mètres}$$

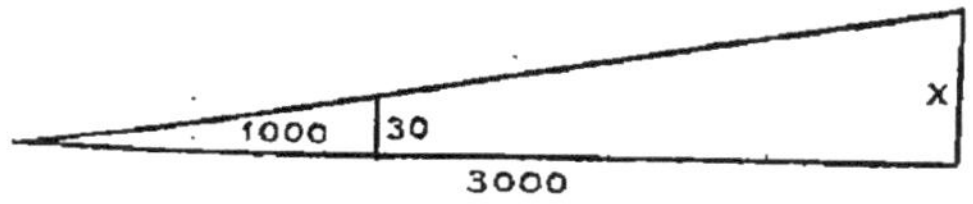

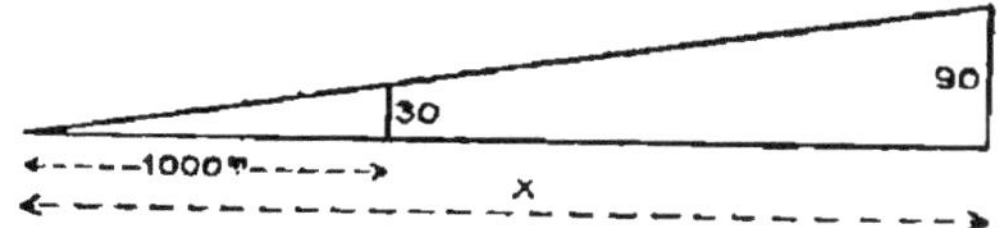

Fig. 39.

J'ai donc devant moi une batterie allemande à six pièces.

II. *Connaissant* le **front** ou la **hauteur**, comment trouvez-vous sa distance?

$$\frac{30}{90} = \frac{1.000}{x}$$

$$x = \frac{90 \times 1.000}{30} = 3.000$$

Fig. 40.

C'est la règle donnée plus haut : diviser la hauteur de l'objectif par le nombre de millièmes lus.

En appliquant ces procédés très simples, le général

Percin a montré qu'on peut éviter les erreurs grossières sur la distance de certains objets, car le plus souvent leurs dimensions varient peu.

Dimensions principales d'objets divers :

1 tirailleur à genou.			1^m 10
1 homme à pied.			1 65
1 homme à cheval			2 50
1 homme à bicyclette			1 80
Hauteur d'une porte.	1^m 90 à	2	50
Hauteur d'une fenêtre		1	75
Largeur d'une fenêtre ordinaire		1	20
Maison ne comprenant qu'un rez-de-chaussée et grenier.	5 00 à	6	00
Maison à un étage et grenier.	7 00 à	8	80
Pommier en plein développement, hauteur.		5	00
Peuplier	15 00 à	25	00
Arbre en boule bien fourni.		6	00
Voiture d'artillerie (canon 14 mètres, intervalle 1 mètre)		15	00
Voiture de place (avec cheval)		5	00
Hauteur du cocher		2	45
Charrette de paysan (plus 3 mètres par cheval).		5	00
Wagons anciens, hauteur		3	00
Wagons anciens, longueur	7 00 à	10	00
Locomotives anciennes, hauteur de la cheminée.		4	20
Locomotives anciennes, longueur tender compris	8 00 à	11	00
Poteaux télégraphiques, moins de 6 fils.		5	00
Poteaux télégraphiques, plus de 6 fils et sur les voies ferrées.		6	50
Meules de paille, hauteur		8	00
Moulins à vent, hauteur (dont 4 mètres de toiture)		12	00
Murs de clôture, hauteur.		2	20

Pouvez-vous en donner une application à une reconnaissance ?

Une colonne d'infanterie met cinq minutes pour passer devant un repère fixe ; comme l'infanterie met dix minutes pour faire 1 kilomètre, cette colonne a 500 mètres.

Donc si cette colonne marche perpendiculairement à nous et si elle couvre $\dfrac{130}{1.000}$ elle est à

$$\frac{130}{500} = \frac{1.000}{x}$$

$$x = \frac{500 \times 1.000}{130} = 3.846$$

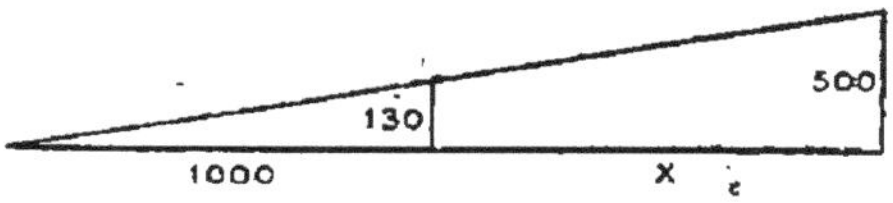

Fig. 41.

Elle est donc de 3.800 à 3.900 mètres environ, ce qui permet de déterminer sur la carte la route suivie par la colonne.

Connaissez-vous une base très simple permettant de trouver un petit nombre de millièmes?

Deux pièces de 10 centimes l'une sur l'autre donnent à bout de bras 3 millièmes ou la hauteur type (1); quatre pièces de 10 centimes forment une pile de $6^{mm}5$, à peu près le centième de la longueur du bras.

Cela permet de mesurer en toutes circonstances le nombre de millièmes que couvre un objet et, par suite, si on connaît sa grandeur, la distance à laquelle il se trouve.

Par exemple, j'estime qu'un homme couvre 6 millièmes, j'ai

$$\frac{x}{1.000} = \frac{1^{m}60}{6}$$

$$x = 250 \text{ mètres}$$

ou toujours la même règle : **diviser la hauteur de l'objet par le nombre de millièmes lus.**

---

(1) *Évaluation des distances*, par le général PERCIN (Berger-Levrault, Paris).

ANNEXE II

RENSEIGNEMENTS NUMÉRIQUES

Ils sont présentés dans l'ordre qu'on doit toujours suivre :

Matériel ;
Direction ;
Hauteur ;
Portée.

	CANON de 75 — FRANCE	CANON de 77 Mle 96 n. A — ALLEMAGNE
Calibre (1)	75 mm	77 mm
Poids du projectile	7kg2	6kg85
Vitesse initiale	529 m	465 m
— à 1.000 mètres	413 m	369 m
— à 2.000 —	334 m	310 m
— à 3.000 —	290 m	279 m
Force vive à la bouche	103,5	75
— à 2.000 mètres	40,9	33,6
Nombre et poids des balles des obus à balles	300 à 12gr (2)	300 à 10gr
Nombre de coups par pièce dans toute la batterie	312	232 (3)
Nombre total de coups par pièce en ajoutant ceux des colonnes ou sections de munitions	501 (4)	373
Zone dangereuse pour un but de 1 mètre de haut à 1.000 mètres	41 m	31 m
Zone dangereuse pour un but de 1 mètre de haut à 2.000 mètres	15 m	12 m
Zone dangereuse pour un but de 1 mètre de haut à 3.000 mètres	7m6	6m5
Poids de la pièce en batterie	1.100 kg	950 kg
— sur avant-train	1.900 kg	1.800 kg
Poids du caisson chargé	1.950 kg (4)	1.850 kg (5)
Hauteur de la pièce au-dessus du sol, environ	1 m	»
Diamètre d'une roue	1m35	»
Longueur de l'écouvillon et du refouloir réunis (pouvant servir de base pour déterminer la distance de la batterie)	2m80	»

(1) Les renseignements donnés par ce tableau sont extraits de *L'Artillerie de campagne*, par le commandant BUAT, page 307.

(2) Les balles ont 12 grammes en plomb durci à l'antimoine (10 % généralement).

(3) En Allemagne les échelons de combat sont rassemblés en une unité spéciale appelée colonne légère de munitions, forte de 21 caissons et contenant 1.848 coups dont 792 explosifs, soit 102 par canon.
Ainsi chaque batterie a : dans ses coffres 130 coups,
à la colonne légère 102 coups.

(4) D'après le règlement français de 1907.

(5) Moins les servants, trois en France, cinq en Allemagne.

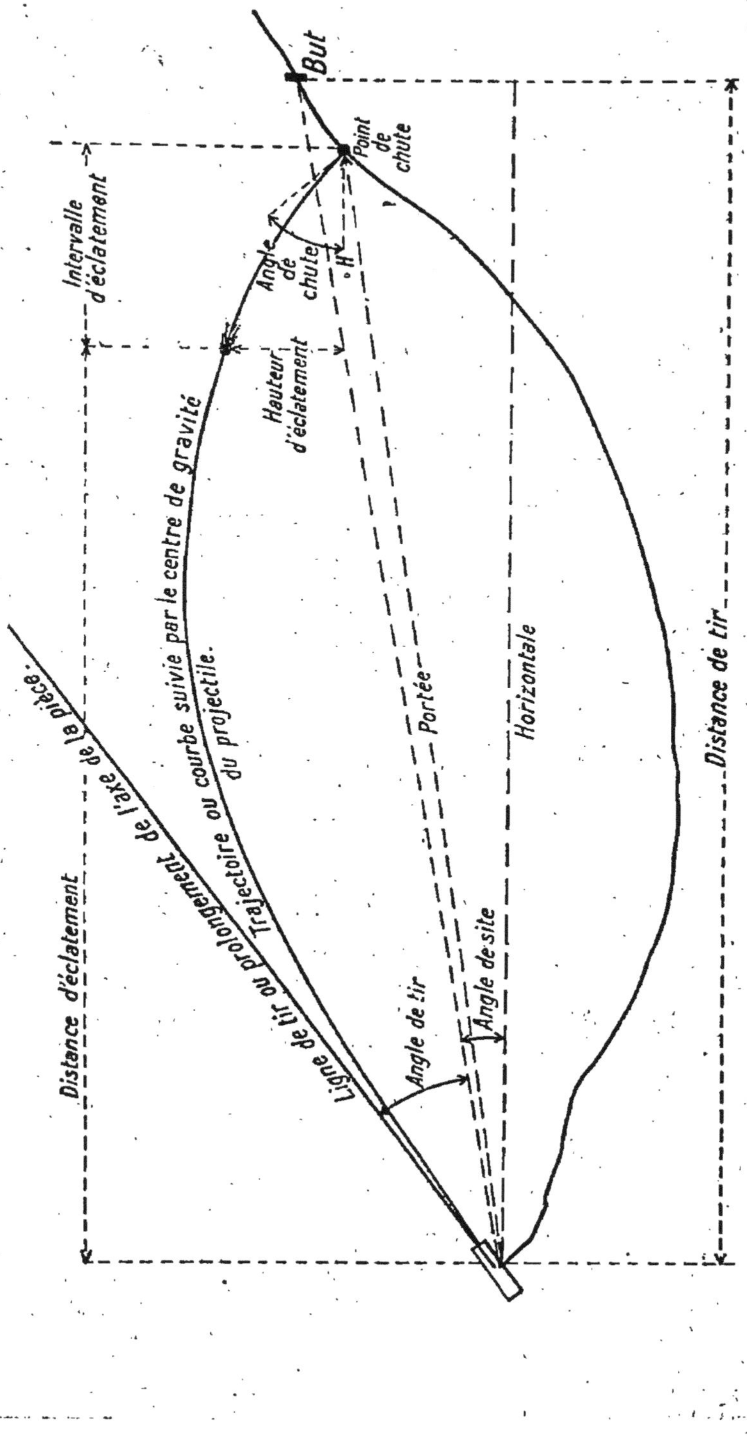
But
Point de chute
Intervalle d'éclatement
Angle de chute
H
Hauteur d'éclatement
Trajectoire ou courbe suivie par le centre de gravité du projectile.
Ligne de tir ou prolongement de l'axe de la pièce.
Distance d'éclatement
Portée
Horizontale
Angle de tir
Angle de site
Distance de tir

Fig. 42.

Appareil de pointage.

SENS DES GRADUATIONS

Il est très important de se rappeler que les graduations vont *dans le sens des aiguilles d'une montre ;* c'est également le sens dans lequel on donne au *bridge.*

Il résulte du sens de cette graduation que, la pièce étant pointée sur un repère avec Pl o, T 100, si on augmente la dérive de 40, on devra pointer sur le repère avec la ligne Pl o, T 140, la ligne Pl o, T 100 (qui est parallèle à l'axe du canon) sera alors dirigée à 40 millièmes à gauche du point où elle était.

D'où la *règle mnémonique :*

*AuG*menter *la dérive, c'est porter le canon à* **G***auche* (*parce qu'il y a un* **G** *dans chacun des mots*).

D*iminuer la dérive, c'est porter le canon à* **D***roite* (*parce qu'il y a un* **D** *dans chacun des mots*).

DIRECTION

Un tour de volant de pointage en direction modifie la direction de 2 millièmes.

Toutefois pour la facilité du calcul, on admet que : six tours de volant font 10 millièmes ; trois tours de volant font 5 millièmes.

La pièce étant assise et exactement au milieu de l'essieu, peut se déplacer de

52 millièmes ou 26 tours à droite,

52 — 26 — gauche,

soit au total 104 millièmes ou 52 tours.

Dérivation. — Elle est inscrite sur l'appareil de pointage, on n'en tient pas compte.

Vent. — Vent transversal *assez fort :*

5 millièmes aux distances moyennes de 2.000 à 4.000.

Vent *très fort* (ou aux grandes distances), *10 millièmes.*

Généralement on néglige cette correction.

Inclinaison de l'essieu (art. **122**, titre IV, note 1), corrigée par les *chefs de section.*

Hauteur d'éclatement. CORRECTEUR.

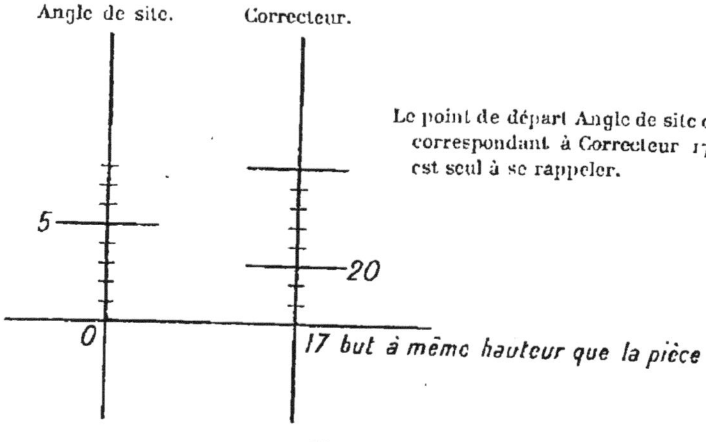

Fig. 43.

Le débouchoir est construit de telle façon que si le repère du débouchoir est devant la division 20 du correcteur et la distance 2.300, le projectile doit éclater à 2.300 à 3 millièmes ou une hauteur type au-dessus du plan horizontal.

Distance d'éclatement (art. **170**, titre IV).

Une division du correcteur correspond à une variation de distance de : 25 mètres à 3.000 mètres;

50 mètres à 1.000 mètres.

----

(1) L'inclinaison de l'essieu a pour effet de porter le coup du côté de la roue la plus basse. La correction à commander est de 5 millièmes pour 15 centimètres de différence de niveau entre les roues.

PORTÉE — TRAJECTOIRE

(Art. **145**, titre IV, p. 6o.)

TABLEAU DES ANGLES DE TIR EN MILLIÈMES

DISTANCES ou PORTÉES avec l'angle de site zéro	ANGLES DE TIR en millièmes	DIFFÉRENCE pour 100 m.	DISTANCES ou PORTÉES avec l'angle de site zéro	ANGLES DE TIR en millièmes	DIFFÉRENCE pour 100 m.
100.	0	2	2.100	5o	3
200.	2	»	2.200	53	»
3oo.	4	»	2.3oo	56	»
4oo.	6	»	2.400	6o	4
5oo.	8	»	2.500	64	»
6oo.	1o	»	2.6oo	68	»
7oo.	12	»	2.700	72	»
8oo.	14	»	2.8oo	76	»
9oo.	16	»	2.9oo	8o	»
1.000.	18	»	3.000	84	»
1.1oo.	20	»			
1.2oo.	23	3	4.000	127	
1.3oo.	26	»			
1.4oo.	29	»			
1.500.	32	»	5.000	18o	
1.6oo.	35	»			
1.7oo.	38	»	6.000	245	
1.8oo.	41	»			
1.9oo.	44	»			
2.000.	47	»	7.000	33o	

L'angle de projection est supérieur de 2 millièmes aux angles de tir.
De 6oo à 2.8oo mètres, on a assez exactement l'angle de tir par la formule 3 H — 10, H étant le nombre d'hectomètres compris dans la distance.

Portée correspondant à 1 millième :

33 mètres en deçà de 2.5oo mètres ;
25 mètres au delà de 2.5oo mètres.

Relation entre le volant de pointage en hauteur et la portée.

Un tour de volant de pointage en hauteur vaut un degré ou 17 millièmes, soit, aux distances moyennes, une différence de portée de 4oo mètres.

Un demi-tour donnerait 2oo mètres.

Il y a sur le bord 6o encoches valant une minute.

On a tracé seize graduations correspondant sensiblement à 1 millième.

D'ailleurs, ces graduations n'ont pas d'importance, par suite des temps perdus. Le principal est de maintenir l'angle de site entre ses repères et de n'y toucher qu'en cas de nécessité.

Portée maxima :

> Hausse maxima, 5.500
> > avec angle de site o.
>
> Hausse maxima avec crosse horizontale, 7.200
> > avec angle de site (140).
>
> Hausse maxima en creusant un trou, 8.500
> > avec angle de site maximum 325.

Flèche :

> A 500 mètres, 1 mètre.
>
> A 8.500 mètres (tir contre ballon), 1.800 mètres.

La hausse du jour.

« Les différences de portée sont dues aux conditions atmosphériques, mais surtout à la différence de force et de vivacité de la poudre employée pour les charges. La plus grande différence qui puisse exister entre la hausse (dite du jour) et la distance géométrique de la pièce au but, est d'environ 150 mètres. En moyenne elle est le centième de la distance (30 mètres à 3.000 mètres). » (Commandant COLIN, p. 20.)

Angle de chute. — C'est à peu près les 3/2 de l'angle de tir. On l'obtient plus exactement en majorant l'angle de tir :

Du 1/4 pour 3.000 mètres ;

De 1/2 pour 4.000 mètres.

Exemple : à 1.500 mètres

$$3 \, 11 - 10 = 35 \,;\, 35 + \frac{35}{4} = 43.$$

Écart probable en portée. — Le quadruple de la portée en kilomètres donne le nombre de mètres de l'écart probable (renseignement peu utile).

Table de tir de l'obus explosif.

« L'obus explosif est un peu plus léger que l'obus à balles.

« Il part donc avec une vitesse initiale supérieure, mais il la perd plus vite.

« Entre 2.000 et 2.800 mètres, les deux projectiles ont sensiblement la même portée pour une même hausse. » (Commandant COLIN.)

Durée de trajet. — Il est utile de savoir combien de secondes le projectile mettra pour éclater, car ça indique le moment où l'on doit se servir de sa jumelle.

Règle : Prendre la hausse en millièmes (donnée par la formule 3 H — 10), c'est le nombre de dixièmes de secondes.

Exemple : 2.800 (3 H — 10 $= 3 \times 28 - 10 = 74 - 10 = 64$), *durée* 64 dixièmes de seconde ou 6″4.

Écart probable de portée dû à la *combustion de la fusée.* — Cet écart varie de 20 à 35 mètres.

ANNEXE III

EFFETS DU TIR (1)

Tir fusant.

Pour qu'une balle soit meurtrière, il lui faut une *vitesse restante* de 180 mètres.

La *profondeur* de la zone *battue efficacement* est de :

> 170 mètres à 1.500 mètres ;
> 140 mètres à 3.000 mètres ;
> 100 mètres à 6.000 mètres.

Si on prend le point où la trajectoire touche le sol, la moitié des balles efficaces (soit 145) tombe en avant sur une longueur de :

> 80 mètres à 2.000 mètres ;
> 20 mètres à 6.000 mètres.

Au delà du point où la trajectoire touche le sol, la gerbe comprend environ 30 balles efficaces à 2.500 mètres.

Donc, en tenant compte des écarts probables, le tir sur hausse unique doit être réglé à 50 mètres près.

La hauteur type (3 millièmes) est trop forte jusqu'à 2.000 mètres, il vaut mieux prendre 2 millièmes.

Tir percutant à obus à balles.

Contre le personnel découvert.

Jusqu'à 1.800 mètres, mêmes résultats que le tir fusant. Au delà de 2.500 mètres, effets à peu près nuls.

---

(1) Ces renseignements sont presque entièrement extraits du *Manuel pratique du tir de campagne*, par le commandant COLIN, p. 23 et suiv.

Contre le personnel **abrité.**

Aucun effet.

Contre **obstacle.**

Il faut deux fois plus de coups pour démolir un mur ou mettre du matériel hors de service qu'avec l'obus explosif.

OBUS EXPLOSIFS

Contre un mur.

A 2.000 mètres tous les coups sont bons.
A 3.000 mètres on a *1* coup sur *2* au but.
A 4.000 mètres on a *1* coup sur *4* au but.
Le tir d'écharpe est un peu plus efficace (COLIN, p. 23).

Pour faire une brèche de 20 mètres dans un mur, à 2.500 mètres, avec les coups de réglage, il faudra 58 coups. A raison de 5 coups par pièce et par minute il faudra trois minutes (CAMPANA, p. 88).

Contre du matériel d'artillerie visible.

On a *1* coup sur *10* au but.
« La pièce et les servants sont hors de combat. » (COLIN, p. 23.)

210 (titre VI note 1). — Le nombre de projectiles à tirer pour atteindre une des deux voitures d'une pièce (canon et caisson) varie avec la distance de tir et les conditions de l'observation. Il est en moyenne de 15 ou 25 projectiles, suivant que le but est à 2.500 ou 3.500 mètres.

Naturellement, le tir à démolir est efficace contre le personnel.

Si la batterie est **peu visible** (mais qu'on ait bien réglé en portée et en direction), en divisant le front ennemi en éléments de 10 mètres et en tirant 10 coups sur chacun de ces éléments, on a la certitude de mettre hors de combat tout le personnel (COLIN, p. 24).

Contre le personnel.

En éclatant, l'obus donne trois gerbes qui renferment 3.000 éclats environ :

Une vers l'avant, peu importante ;
Une perpendiculaire aux parois de l'obus, très importante et renfermant presque tous les éclats ;
Une de culot vers l'arrière.

Comme l'obus, en touchant le sol, fait généralement un angle de 20° avec sa direction primitive, il permet d'atteindre les servants derrière leurs boucliers, soit par la nappe principale des éclats, soit par la gerbe de culot.

EXEMPLES DE COMMANDEMENT

Le chef de section transforme le commandement pour sa section.
Le chef de pièce ne répète que ce qui concerne sa pièce.

CAPITAINE	CHEF de LA 1re SECTION	CHEF de LA 2e SECTION	DÉBOUCHEUR
Le capitaine fait la préparation du tir.	. . . .	. . . .	. . . .
Diminuez de 60. Augmentez l'échelonnement de 10.	Diminuez de 60. 2e augmentez de 10	Diminuez de 60. 3e augmentez de 20 4e augmentez de 30	. . . .
Abattez. Angle de site + 5. Correcteur 18.	Abattez. Angle de site + 5. Correcteur 18.	Abattez. Angle de site + 5. Correcteur 18.	Correcteur 18.
Par la droite par batterie. 3.000.	Par la droite par batterie. 3.000.	Par la droite par batterie. 3.000.	3.000.
Augmentez de 15. Diminuez l'échelonnement de 5. Correcteur 16.	Augmentez de 15. 2e diminuez de 5. Correcteur 16.	Augmentez de 15. 3e diminuez de 10. 4e diminuez de 15. Correcteur 16.	Correcteur 16.
2.600. 2e diminuez de 5.	2.600. 2e diminuez de 5.	2.600. »	2.600. »
2.800. Correcteur 17.	2.800. Correcteur 17.	2.800. Correcteur 17.	2.800. Correcteur 17.
2.600.	2.600.	2.600.	2.600.
Correcteur 19. Tir progressif, Fauchez, 2.600.	Correcteur 19. Tir progressif, Fauchez, 2.600.	Correcteur 19. Tir progressif, Fauchez, 2.600.	

(1) Dérive de repérage, la préparation du tir terminée.

1re PIÈCE		2e PIÈCE		3e PIÈCE		4e PIÈCE	
POINTEUR	CHEF de pièce	POINTEUR	CHEF de pièce	POINTEUR	CHEF de pièce	POINTEUR	CHEF de pièce
Pl. 0- T. 110. (1)	. . . . .	Pl. 14- T. 82. (1)	. . . . .	Pl. 0- T. 25. (1)	. . . . .	Pl. 14- T. 134. (1)	»
Pl. 0- T. 110. Pl. 0- T. 50.	. . . . .	Pl. 14- T. 82. Pl. 14- T. 32.	. . . . .	Pl. 0- T. 25. Pl. 14- T. 185.	. . . . .	Pl. 14- T. 134. Pl. 14- T. 104.	»
Prêt. » »	Pour abattre, Abattez, Ferme. » »	Prêt. » »	Pour abattre, Abattez, Ferme. » »	Prêt. » »	Pour abattre, Abattez, Ferme. » »	Prêt. » »	Pour abattre, Abattez, Ferme. » »
Prêt.	Pour le 1er coup Feu.	Prêt.	Pour le 1er coup Feu.	Prêt.	Pour le 1er coup Feu.	Prêt.	Pour le 1er coup Feu.
Pl. 0- T. 50. Pl. 0- T. 65. »	. . . . . »	Pl. 14- T. 32. Pl. 14- T. 42. »	. . . . . »	Pl. 14- T. 185. Pl. 14- T. 190. »	» »	» »	» »
Prêt. »	Feu. »	Prêt. Pl. 14- T. 42. Pl. 14- T. 37. »	Feu. »	Prêt. »	Feu. »	Prêt. »	Feu. »
Prêt. »	Feu. »	Prêt. »	Feu. »	Prêt. »	Feu. »	Prêt. »	Feu. »
Prêt.	Feu.	Prêt.	Feu.	Prêt.	Feu.	Prêt.	Feu.

CHEFS DE PIÈCE	DÉBOUCHEURS	POINTEURS
	Correcteur 19.	
2.600.	2.600-1-2-3.	Prêt (3 fois).
2.700.	2.700-1-2-3.	Prêt (3 fois).
2.800.	2.800-1-2-3.	Prêt (3 fois).
2.900.	2.900-1-2-3.	Prêt (3 fois).

TABLE ANALYTIQUE DES MATIÈRES

ANNEXE I

Applications du Millième.

ANNEXE II

Renseignements numériques 87

ANNEXE III

Effets du tir. 95

NANCY-PARIS, IMPRIMERIE BERGER-LEVRAULT

Direction.

Point de pointage en arrière :

Éventail de 20 si le point de pointage est à 1.000 mètres ;

Éventail de 15 si le point de pointage est à 2.000 mètres ;

Éventail de 10 si le point de pointage est à 3.000 mètres.

Point de pointage latéral :

Parallélisme ou échelonnement de 5.

Hauteur.

Hauteur type : 3 millièmes.

Ne jamais donner de signification à un coup haut et court.

Portée.

La hausse en millièmes est donnée par la formule

$$3\,H - 10.$$

Front battu par :

Un coup de canon fusant, 20 mètres (art. 184, titre IV) ;

Deux coups fusants tirés avec même hausse, 25 mètres ;

Une pièce avec fauchage, 70 millièmes.

Front battu par :

Une batterie contre l'infanterie, de 300 à 600 mètres (art. 214, titre IV) (débit suffisant pour arroser tout le front que lui permet son coulissement).

Une batterie suffit contre une artillerie de 200 mètres de front (p. 60).

PARALLAXES

D'UN POINT A LA DISTANCE DE	POUR UNE BASE DE 10 MÈTRES
8.000	1,25
4.000	2,5
3.000	3,3
2.000	5
1.500	7,5
1.000	10
500	20